천주교와 개신교

박도식 신부 지음

천주교와 개신교

1980년 10월 10일 교회 인가
1980년 12월 25일 초판 1쇄 펴냄
1996년 5월 20일 개정 초판 1쇄 펴냄
2008년 1월 31일 개정 2판 1쇄 펴냄
2020년 9월 20일 개정 3판 1쇄 펴냄
2025년 6월 11일 개정 3판 5쇄 펴냄

지은이 · 박도식
펴낸이 · 정순택
펴낸곳 · 가톨릭출판사
편집 겸 인쇄인 · 김대영
편집 · 김지영, 강서윤, 김지현, 박다솜
디자인 · 강해인, 이경숙, 정호진
마케팅 · 임찬양, 안효진, 황희진, 노가영

본사 · 서울특별시 중구 중림로 27
등록 · 1958. 1. 16. 제2-314호
전자우편 · edit@catholicbook.kr
전화 · 1544-1886(대표 번호)
지로번호 · 3000997

ISBN 978-89-321-1733-1 03230

값 10,000원

ⓒ 1980, 2003 박도식, 가톨릭출판사

이 책의 한국어 출판권은 (재)천주교서울대교구 가톨릭출판사에 있습니다.
저작권법에 의해 보호를 받는 저작물이므로 무단 전재와 무단 복제를 금합니다.

가톨릭의 모든 도서와 성물, 디지털 콘텐츠를 '가톨릭북플러스'에서 만날 수 있습니다.
https://www.catholicbookplus.kr | (02)6365-1888(구입 문의)

천주교와 개신교

박도식 신부 지음

가톨릭출판사

책머리에

　같은 성경을 손에 들고 있으면서 서로가 서로를 비방하고 오해한다면 하느님께 얼마나 죄송스러운 일이겠습니까?
　하지만 우리의 현실을 보면 한 분의 하느님, 한 분의 구세주를 모시고 서로가 서로를 오해하고 비방하는 안타까운 일이 얼마나 많습니까? 특히 많은 개신교 신자들과 만나면서 가톨릭에 대한 개신교의 오해가 가톨릭 교리에 대한 이해의 부족에서 온다는 것을 절감해 왔습니다. 한마디로 너무나 일방적인 자기 위주의 판단에서 그런 문제가 생기는 것 같습니다.
　하느님 앞에 한 형제라는 긍지가 있다면 그렇게까지 편견에 가득 찬 모습을 보이지는 않을 것입니다.
　많은 개신교 신자가 그리스도교의 근본이요, 모태가 되는 가톨릭에 대해 너무나 무지하고 일방적인 태도로 일관하는 것을 보면서 서로를 알 수 있는 계기가 필요하다는 생각이 들었습니다.

서로가 서로를 앎으로써 진정한 대화가 가능해지고 더구나 같은 그리스도인으로서 인류 복음화에 함께 이바지해야 한다는 당위를 생각할 때, 가장 기본적인 오해를 서로 대화로 풀어야 한다는 생각을 하게 되었고 그러한 생각의 결과물이 바로 이 책입니다.

"거룩하신 아버지,

아버지께서 저에게 주신 이름으로 이들을 지키시어,

이들도 우리처럼 하나가 되게 해 주십시오." (요한 17,11)

박도식 신부 드림

◆ 차례 ◆

책머리에 · 5

첫 대면 · 9

가톨릭은 마리아 교회인가? · 13

가톨릭은 우상을 숭배하는가? · 24

사람이 어찌 죄를 사하는가? · 31

소위 면죄부 사건의 진상 · 46

가톨릭의 교권 · 52

베드로(교황)의 수위권 행사 · 60

성경 해석 문제 · 68

가톨릭의 독신 제도 · 79

미사성제와 성체성사 · 90

가톨릭의 종교 의식 · 97

연옥에 대해서 · 103

소위 종교 개혁의 문제 · 109

가톨릭의 교회관 · 130

가톨릭 교회의 특징 · 135

첫 대면

송 양 안녕하세요? 신부님, 저는 송영애라고 합니다. 현재 직장에 다니고 있고, 저의 종교는 개신교입니다.

박 신부 예, 안녕하십니까? 처음 뵙겠습니다. 어쩐 일로 이렇게 사제관까지 찾아오셨습니까?

송 양 왜요? 저희는 사제관에 신부님을 찾아올 수 없나요?

박 신부 무슨 말씀을 그렇게 하십니까? 이렇게 직접 찾아 주시니 너무 기뻐서 그러는 거지요. 어쩐 일이십니까?

송 양 목사님, 아니 참 신부님, 죄송합니다. 처음부터 실례하게 되네요.

박 신부 그게 무슨 상관입니까? 우리 학생 하나가 며칠 전에 학교 선생님 앞에서 '선생님.' 해야 할 것을 '신부님.' 했더니 선생님이 "네 입에는 오로지 신부님밖에 없구나." 하시더랍니다.

송 양 하하하, 그럴 수도 있겠네요. 신부님, 저는 기독교 가정에서 태어나 기독교에서 세례까지 받았습니다.

박 신부 혹시 성당에서 세례를 받은 것 아닙니까?

송 양 아니, 기독교에서 세례를 받았다니까요.

박 신부 기독교가 무슨 뜻인지 아십니까?

송 양 아니, 신부님도 참. 기독교도 모르세요? 우리 개신교 말이에요.

박 신부 '기독교'란 말은 '그리스도교'를 한자로 표기한 것입니다. 한자로 그리스도를 기독(基督)이라고 하지요. 그러니까 기독교라고 하면 불교나 유교와 구별되는 종교로서 그리스도를 믿는 모든 종교를 뜻합니다. 예컨대 천주교, 장로교, 침례교, 성결교 등 모든 그리스도인을 한자로 표기해서 기독교 신자라고 하지요.

송 양 아, 그렇군요. 그런데 밖에서는 그렇게 정확한 뜻으로 말하지 않던데요. 그러면 '가톨릭'이란 무슨 뜻인가요?

박 신부 아니, 오늘 송 양이 저를 방문한 의도가 무엇인지는 잘 모르지만 처음부터 화제가 이상한 쪽으로 가는 것 같습니다.

송 양 실은 오래전부터 신부님을 한번 찾아뵈어 개신교와 천주교의 차이점을 직접 들어보고 싶었습니다. 솔직히 말씀드리면 천주교의 여러 가지 모순점에 대해 신부님과 교리 토론을 벌이고 싶어서 찾아왔습니다.

박 신부 예, 좋습니다. 그럼 먼저 가톨릭이란 말의 뜻을 말씀드리지요. 천주교를 가리키는 세계적인 공통 용어가 곧 '가톨릭'입니다. 그 원어는 라틴어 'Catholicus'라는 형용사인데 '보편된', '공번된'이라는 뜻입니다. 그러니까 전 세계적인, 만인의 종교라는 뜻입니다. 이러한 라틴어 어원에서 나온 말을 영어로는 'Catholic', 불어로는 'Catholique', 그리고 독일어로는 'Katholik'이라고 표기합니다.

말이 나온 김에 용어 문제를 더 자세하게 말씀드리면 천주교를 '가톨릭', 그리고 '구교(舊敎)', '성교회(聖敎會)' 또는 '공교회(公敎會)'라고 하는데 가톨릭과 구별하여 개신교를 가리키는 세계 공통 용어는 '프로테스탄트(protestant)'입니다. 이 말은 1529년 독일 슈파이어 회의에서 당시 일부 개혁자들이 가톨릭 교회에 '항의(protest)'했기 때문에 붙여진 이름입니다. 개신교를 구교와 구별하여 '신교(新敎)'라고도 합니다.

송 양 오늘 신부님을 통해 새로운 것들을 알게 되네요. 극히 상식적인 것인데 이제야 알게 되어 참으로 부끄럽습니다.

박 신부 사람은 언제나 배워야 하는 법이지요. 그런데 송 양이 가톨릭의 모순점을 지적하고 싶다고 하셨는데…….

송 양 예. 죄송해요, 신부님. 오래전부터 마음으로 생각했던 것이니까 오늘 솔직하게 털어놓겠습니다.

천주교에서는 예수님보다 마리아를 더 공경하지요? 성당마다 마리아상을 만들어 놓고, 더구나 성경에 우상을 만들지 말라고 했는데 일종의 우상 숭배 아닌가요?

그리고 신부님들이 신자들의 죄를 사해 주는데, 하느님 외에 누가 감히 사람의 죄를 사해 줄 수 있나요? 너무나 어처구니없는 일 아닌가요? 그리고 천주교는 교권(敎權)을 지나치게 강조하는 교조주의적이고 형식주의적인 의식 위주의 종교라는 생각이 듭니다.

그리고 또 성경은 어떤가요? 신자들이 자유롭게 성경을 읽을 수 없고 또한 해석도 마음대로 할 수 없잖아요?

그리고 또 이왕 말이 나왔으니…… 천주교에서 옛날에 면죄부를 만들어 돈을 받고 죄를 사해 준 것은 어떻게 이해해야 하나요? 그리고 신부님들의 독신 생활은 성경에 어긋나는 것 아닌가요?

한마디로 천주교는 성경 말씀대로 하지 않고 교황의 말을 더 중요시하기 때문에 비성경적인 것 같습니다.

박 신부 예. 송 양, 대단히 감사합니다. 같이 이야기할 수 있는 많은 화젯거리를 주셔서 말입니다. 그러면 하나하나씩 풀어 나가 보도록 하죠.

가톨릭은 마리아 교회인가?

박 신부 송 양, 예수님이 탄생하신 곳이 어디지요?

송 양 이스라엘의 베들레헴이지요.

박 신부 혹시 예수님이 탄생하신 베들레헴에 가 보신 적 있습니까?

송 양 아직 가 보지 못했습니다. 기회가 되면 한번 성지 순례를 가 볼 생각입니다.

박 신부 그런데 이스라엘 땅을 왜 성지(聖地)라고 할까요?

송 양 그거야 예수님이 그곳에서 태어나서 사시고 거기서 십자가에 못 박혀 돌아가시고 마지막으로 부활하신 곳이기에 성지라고 하는 것이죠.

박 신부 맞습니다. 제가 예전에 프랑스에서 공부할 때에 소르본 대학 가톨릭 학생 성지 순례단에 끼어 성지 순례를 할 기회가 있었습니다.

그런데 송 양, 예수님의 발자취가 남겨진 그곳을 성지라고 한다면 예수님을 낳으신 어머니를 당연히 성모(聖母)님이라고 해야 하지 않을까요?

송 양 그건 그래요.

박 신부 예수님의 발자취를 더듬어 보기 위해 그 머나먼 성지까지 찾아가는 그 정신이 옳다면 당연히 예수님을 낳으신 성모님을 찾아뵙고 존경과 경의를 표해야 하지 않을까요? 어떻게 생각합니까?

송 양 글쎄요?

박 신부 제 얘기를 하나 하겠습니다. 제 어머니가 아직도 살아 계시는데, 어머니는 신자들 앞에 모습을 잘 드러내지 않으려고 하십니다. 왜냐하면 신자들이 "저분이 박 신부님의 어머니래." 하면서 저희 어머께 예를 표하기 때문입니다.

송 양, 송 양의 교회에 계시는 목사님의 어머님을 다른 평범한 사람의 어머니와 같이 생각할 수 있습니까?

송 양 그러니까 예수님을 낳으신 분이기에 성모 마리아를 공경한다는 거군요?

박 신부 그렇습니다. 마태오 복음서 1장 23절을 보십시오. 예수 그리스도의 탄생과 더불어 마리아의 이야기가 나오지 않습니까? "동정녀가 잉태하여 아들을 낳으리니 그 이름을 임마누엘이라고 하리라."라고 했습니다.

그러니 마리아가 없었더라면 예수님의 탄생은 어떻게 되었겠습니까? 인류 구원을 위해 역사에 등장하시는 그리스도는 일차적으로 마리아라는 처녀를 특별히 간택하셨습니다. "은총이 가득한 이여, 기뻐하여라. 주님께서 너와 함께 계시다."(루카 1,28)

"마리아야. 너는 하느님의 총애를 받았다. 보라, 이제 네가 잉태하여 아들을 낳을 터이니 그 이름을 예수라 하여라. 그분께서는 큰 인물이 되시고 지극히 높으신 분의 아드님이라 불리실 것이다."(루카 1,30-32)

성경에서 어느 누가 마리아처럼 "은총이 가득한 이여." 하는 말씀을 들은 적이 있습니까?

송 양 하지만 여기 루카 복음서 8장 19절을 보세요.

"예수님의 어머니와 형제들이 예수님을 찾아왔지만, 군중 때문에 가까이 갈 수가 없었다. 그래서 누가 예수님께 '스승님의 어머님과 형제들이 스승님을 뵈려고 밖에 서 계십니다.' 하고 알려드렸다. 그러자 예수님께서 그들에게 이르셨다. '내 어머니와 내 형제들은 하느님의 말씀을 듣고 실행하는 이 사람들이다.'"

이 성경 구절을 어떻게 이해해야 할까요?

박 신부 개신교에서는 이 성경 구절을 내세우면서 언제나 성모님은 그리스도로부터 외면당한 어머니라고 주장합니다.

그러나 사실 이 장면에서 그리스도가 어머니인 마리아를 부정하신 것이 아닙니다. 육적인 어머니가 중요한 것이 아니라, 하느님의 뜻에 따라 사는 사람들이 영적으로 서로 형제들임을 강조하시는 말씀입니다. 여기서 마리아를 어머니가 아니라고 했다면 마리아는 하느님의 뜻에 따라 살지 않은 사람이기 때문일 것입니다. 그런데 마리아는 천사의 말을 듣고 "저는 주님의 종입니다. 말씀하신 대로 저에게 이루어지기를 바랍니다."(루카 1,38) 하면서 누구보다도 하느님의 뜻을 받들어 예수님의 어머니가 될 것을 수락하셨습니다. 그러니 마리아는 육적으로 예수님을 낳은 어머니시며 영적으로 하느님의 뜻에 따라 사신 신앙의 모범이셨기에 또 다른 의미에서도 어머니가 되시는 것입니다. 어떤 면으로 보든지 마리아가 예수님의 어머니시라는 것은 부정할 수 없습니다.

그리고 그때 마리아를 어머니로 생각하지 않았다면, 어찌하여 예수님이 십자가에 달리셨을 때 마리아가 십자가 밑에서 아들의 고통을 슬퍼하셨을 것이며, 더구나 예수님께서 십자가 위에서 이렇게 말씀하셨겠습니까?

"예수님께서는 당신의 어머니와 그 곁에 선 사랑하시는 제자를 보시고, 어머니에게 말씀하셨다. '여인이시여, 이 사람이 어머니의 아들입니다.' 이어서 그 제자에게 '이분이 네

어머니시다' 하고 말씀하셨다. 그때부터 그 제자가 그분을 자기 집에 모셨다."(요한 19,26-27)

이 말씀을 한번 살펴보겠습니다. 여기서 말씀하시는 '어머니'는 누구입니까? 본 어머니 마리아를 버리고 얻은 새어머니란 말씀입니까? 그렇지 않지요. "그 제자가 그분을 자기 집에 모셨다."라는 말씀을 보아서도 알 수 있지요.

예수님께서는 십자가에서 돌아가시는 순간 아들로서의 슬픔이 너무나 컸기에 당신의 사랑하는 어머니를 제자에게 맡기는, 인간이 할 수 있는 가장 높은 경지의 사랑을 보여 주신 것입니다.

우리는 지나친 편견을 갖고 성경을 읽어서는 안 됩니다. 성경에 예수님과 그분의 어머니 마리아의 관계가 여러 차례 언급되고 있는데 결론적으로 말씀드리면, 그리스도를 구세주로 받아들인다면 그분을 낳은 어머니를 그렇게 냉대할 수는 없다는 것입니다.

송 양 예, 그건 어느 정도 이해가 갑니다. 그런데 천주교 신자들이 마리아상 앞에서 기도를 하는 건 좀······.

박 신부 우리가 성모님께 기도를 하지만 그 기도의 내용은 하느님께 하는 기도와 다릅니다.

송 양 그럼 기도도 종류가 여러 개 있나요?

박 신부 말씀을 들어 보십시오. 송 양, 구노의 '아베 마리아(Ave

Maria)' 아시지요?

송 양   예, 제가 좋아하는 곡 중 하나입니다.

박 신부   그 내용이 무엇인지 아십니까? "아베 마리아, 그라시아 플레나……." 이것은 바로 성경에 나오는 "은총이 가득하신 마리아님, 기뻐하소서……."라는 뜻입니다. 그 아베 마리아는 '성모송'이라는 가톨릭의 기도문입니다. 그 내용은 다음과 같습니다.

"은총이 가득하신 마리아님, 기뻐하소서! 주님께서 함께 계시니 여인 중에 복되시며 태중의 아들 예수님 또한 복되시나이다. 천주의 성모 마리아님, 이제와 저희 죽을 때에 저희 죄인을 위하여 빌어 주소서. 아멘."

이 기도문의 내용을 생각해 볼 때, 기도문의 전반부는 모두 성경에 나오는 찬가에서 따온 것이고 후반부는 "천주의 성모 마리아님, 이제와 저희 죽을 때에 저희 죄인을 위하여 빌어 주소서."로 되어 있습니다. 특별히 유의할 것은 "저희를 위하여 빌어 주소서." 이 부분입니다. 하느님께는 직접 "주님, 저의 잘못을 용서하소서." 하고 기도하지만, 마리아는 어디까지나 인간이십니다. 그리고 마리아는 이 세상 어느 누구보다도 그리스도와 제일 가까운 분이십니다. 송 양도 목사님을 찾아가서 기도를 부탁한 적이 있으시지요?

송 양   예, 있습니다.

박 신부 마찬가집니다. 목사님의 기도가 보통 평신도의 기도보다 더 가치 있다고 생각되듯이, 예수님을 낳아서 기르신 마리아의 기도는 어느 누구의 기도보다 더 가치가 있다고 생각되기 때문입니다.

송 양 그러면 마리아의 기도가 더 큰 효과가 있다는 증거는 어디에 있습니까?

박 신부 예, 그건 성경에서도 찾아볼 수 있습니다. 요한 복음서 2장을 보겠습니다.

"갈릴래아 카나에서 혼인 잔치가 있었는데, 예수님의 어머니도 거기에 계셨다. 예수님도 제자들과 함께 그 혼인 잔치에 초대를 받으셨다. 그런데 포도주가 떨어지자 예수님의 어머니가 예수님께 '포도주가 없구나.' 하였다. 예수님께서 어머니에게 말씀하셨다. '여인이시여, 저에게 무엇을 바라십니까? 아직 저의 때가 오지 않았습니다.' 그분의 어머니는 일꾼들에게 '무엇이든지 그가 시키는 대로 하여라.' 하고 말하였다. …… 예수님께서 일꾼들에게 '물독에 물을 채워라.' 하고 말씀하셨다. …… 과방장은 포도주가 된 물을 맛보고 그것이 어디에서 났는지 알지 못하였지만, 물을 퍼 간 일꾼들은 알고 있었다. …… 이렇게 예수님께서는 처음으로 갈릴래아 카나에서 표징을 일으키시어, 당신의 영광을 드러내셨다."(요한 2,1-11)

이 성경 구절을 개신교에서는 어떻게 해석하는지 궁금합니다. 이 성경 구절을 통해서 살펴볼 수 있는 것은,

첫째, 잔칫집에서 술이 떨어지면 얼마나 난처하겠습니까? 중요한 점은 이 사실을 제일 먼저 성모 마리아가 아셨다는 것입니다.

둘째, 자신의 아들이 하느님의 능력을 지녔음을 아셨기에 마리아는 아들에게 그 잔칫집 주인의 난처한 어려움을 해결해 달라는 부탁을 하신 것입니다.

셋째, 예수님은 자기의 때가 아직 오지 않았다고 선언하셨습니다. 그 '때'란, 기적을 통해서 당신의 영광을 드러낼 때를 말합니다.

넷째, 결과적으로 예수님은 기적을 행할 때가 아니었지만, 어머니의 간곡한 부탁이었기에 감히 거절을 못 하고 그곳에서 당신의 때를 앞당겨 첫 기적을 행하셨습니다.

송 양 그러니까 마리아의 기도는 예수님의 마음을 움직일 수 있다는 뜻인가요?

박 신부 바로 그것입니다. 아이들은 아버지께 직접 용돈을 타내기가 곤란할 때 어머니를 통해서 용돈을 타냅니다. 직접 하느님께 기도할 수도 있지만 죄인인 우리가 감히 용기를 못 낼 때에 우리는 어머니이신 마리아를 통해 기도합니다. 인간 마리아는 우리 인간의 조건을 누구보다도 잘 아십니다. 그

러니까 우리가 마리아께 드리는 기도는 마리아가 우리를 위해 하느님께 전구해 주시기를 청하는 것임을 분명히 알아야 합니다.

송 양 그런데 마리아의 동정성에 대해서 어떤 사람은 그것을 부정하고, 또 어떤 사람은 예수님을 낳을 당시에는 처녀였지만 성경에 예수님의 형제라는 말이 있으니 예수님을 낳은 다음 정식으로 결혼을 한 것이 분명하다고 주장하기도 하는데요, 가톨릭의 입장은 어떻습니까?

박 신부 좋은 질문입니다. 먼저 마리아의 처녀성은 성경에서 명백하게 밝히고 있습니다. 천사가 마리아에게 아들을 낳을 것이라는 통보를 했을 때에 마리아가 깜짝 놀라면서 "'저는 남자를 알지 못하는데, 어떻게 그런 일이 있을 수 있겠습니까?' 하고 말하자, …… '성령께서 너에게 내려오시고 지극히 높으신 분의 힘이 너를 덮을 것이다.'"(루카 1,34-35)라고 대답합니다.

이 말씀에서 마리아의 처녀성이 분명히 드러나고 있으며 마리아는 예수님을 낳은 다음에도 정혼한 일이 없고, 성경에서 말하는 예수님의 형제들은 친형제가 아닌 사촌 형제들 또는 친척 관계의 인물들입니다. 예수님의 친형제가 있었더라면 어찌하여 예수님께서 십자가에 돌아가실 때 나타나지 않았겠습니까?

송 양, 마리아에 대한 지나친 편견을 버리십시오. 인류 구
　　　　원사를 살펴보면, 인류의 원조 아담과 하와가 원죄를 범하
　　　　여 주님의 사랑을 잃었을 때 하느님이 즉시 구세주를 약속
　　　　하시지 않았습니까? 구세주의 출현과 함께 구세주의 어머
　　　　니 마리아에 대한 예고도 나타납니다.
송 양 그런 사실이 성경에 기록되어 있습니까?
박 신부 있지요. 보십시오. 창세기에 뱀의 유혹으로 원조가 죄를 범
　　　　한 다음 하느님께서는 뱀에게 이렇게 말씀하십니다.
　　　　"나는 너와 그 여자 사이에, 네 후손과 그 여자 후손 사이에
　　　　적개심을 일으키니 여자의 후손은 너의 머리에 상처를
　　　　입히고 너는 그의 발꿈치에 상처를 입히리라."(창세 3,15)
　　　　여기서 말하는 '여자'는 인류 구원 사업에 참여하는 마리아
　　　　를 뜻합니다. 그리고 이사야 예언자도 이렇게 말했습니다.
　　　　"젊은 여인이 잉태하여 아들을 낳고 그 이름을 임마누엘이
　　　　라 할 것입니다."(이사 7,14)
　　　　여기서 '임마누엘'이란 말은 "하느님께서 우리와 함께 계
　　　　시다."라는 뜻이 아닙니까? '임마누엘'은 구세주 예수 그리
　　　　스도를 뜻하지 않습니까? 처녀가 예수님을 낳는다는 사실
　　　　에는 벌써 하느님의 영원한 구세사 속에서 마리아를 간택
　　　　하여 구세주를 낳을 것이라는 하느님의 뜻이 포함된 것입
　　　　니다.

그래서 천주교에서는 초대 교회 때부터 마리아를 하느님이 간택하신 성모님이시고 가장 복된 분이라고 믿어 오고 있습니다. 성경을 보십시오.

"당신은 여인들 가운데에서 가장 복되시며 당신 태중의 아기도 복되십니다. 내 주님의 어머니께서 저에게 오시다니 어찌 된 일입니까?"(루카 1,42-43)

이 말은 마리아의 친척 엘리사벳이 마리아의 방문을 받고 기쁜 마음을 표현한 것입니다. 그리고 즉시 마리아도 이렇게 말씀하십니다.

"그분께서 당신 종의 비천함을 굽어보셨기 때문입니다. 이제부터 과연 모든 세대가 나를 행복하다 하리니 전능하신 분께서 나에게 큰일을 하셨기 때문입니다."(루카 1,48-49)

결론적으로 말해서 마리아는 하느님이 특별히 간택하신 분이고 영원히 인류의 귀감이 되는 복된 분이십니다.

가톨릭은 우상을 숭배하는가?

송 양   가톨릭 교회에서 성모상이나 예수상을 걸어 놓고 그 앞에서 기도하는데 이것이 우상 숭배가 아닌가요?

박 신부   먼저 성모상이나 예수상 그 자체를 공경하는 것이 아님을 알아야 합니다. 그것이 상징하는 보이지 않는 분, 즉 예수님의 십자고상을 보고 실제로 십자가에 못 박혀 돌아가신 그리스도를 생각하면서 그분께 기도하는 것입니다.
송 양, 국민의례를 할 때에 국기 앞에 경례를 하지요?

송 양   예, 합니다.

박 신부   그건 우상이 아닌가요? 그 헝겊 조각에 경의를 표시하니 말입니다.

송 양   그건 다르지요. 국기는 국가를 표시하니까 국기 앞에서 국가에 대한 존경과 애국을 표시하는 거지요.

| 박 신부 | 성모상이나 예수상 앞에서 기도를 하는 것이 국기 앞에서 경례를 하는 것과 무엇이 다르겠습니까?

인간은 무엇을 표현할 때에 말이나 글, 행동이나 형상으로 표시합니다. 예컨대 '예수님' 했을 때 '예수님'이란 발음 자체에 의미가 있는 것은 아니지요. 그 말이 뜻하는 그분을 가리키는 것 아니겠습니까?

'송영애'라고 했을 때 그 발음 자체가 송 양을 뜻하는 것은 아니겠지요. 그 발음 자체가 어떤 의미를 가지는 것은 아닙니다. 그래서 성경에도, "예수님의 이름 앞에 하늘과 땅 위와 땅 아래에 있는 자들이 다 무릎을 꿇고"(필리 2,10)라고 했습니다. 예수님 이름 앞에 무릎을 꿇는다면 그분을 상징하는 예수상 앞에 무릎을 꿇는 것은 당연한 일이 아니겠습니까?

송 양, 혹시 부모님이 살아 계십니까?

| 송 양 | 3년 전에 아버지가 돌아가시고 작년에 어머니마저 돌아가셨습니다.

| 박 신부 | 그렇다면 부모님 생각이 날 때 어떻게 합니까?

| 송 양 | 제 방에 모시고 있는 부모님의 사진을 보곤 합니다.

| 박 신부 | 바로 그것입니다. 사진은 한 장의 두꺼운 종이입니다. 그러나 그 종이 위에 그려진 분이 부모님이기에 그 종이를 특별히 액자에 넣어서 보관하는 것이지요. 죄송한 이야기입니

	다만, 만일 누가 송 양 아버지의 사진에 침을 뱉는다면 어떻겠습니까?
송 양	그건 절대 안 되지요. 우리 아버지를 모독하는 것이나 다름없으니까요.
박 신부	그러면 휴지 조각에다 침을 뱉는 것은 어떻습니까?
송 양	그거야 무슨 상관이 있겠습니까?
박 신부	송 양, 종이라는 공통점이 있지만 '아버지의 사진'과 '휴지'의 차이점이 무엇인지 알 수 있겠지요?
송 양	물론이죠.
박 신부	그렇다면 예수님이나 성인 성녀들을 그린 성화나 성상의 의미가 무엇인지 알 수 있겠지요?
송 양	……?
박 신부	그렇게 좁게 편견을 가지면 안 됩니다. 극히 상식적인 차원에서 생각해도 그렇지 않습니까? 예수님이나 성모님, 다른 성인들의 사진이나 동상을 만들어 그분들께 경의를 표시하는 것이 무엇이 잘못입니까?
송 양	???
박 신부	서울 세종로에 세워진 이순신 장군의 동상에 돌멩이질을 한다면 사람들이 뭐라고 하겠습니까? 그냥 보고만 있지 않겠지요? 그러나 남산 위에 있는 바위에 돌멩이질을 하면 아무도 뭐라고 하지 않습니다.

송 양 하지만 성경에서 우상을 만들지 말라고 했잖아요.

박 신부 예, 송 양이 말한 성경 구절을 봅시다.

"너에게는 나 말고 다른 신이 있어서는 안 된다. 너는 위로 하늘에 있는 것이든, 아래로 땅 위에 있는 것이든, 땅 아래로 물속에 있는 것이든 그 모습을 본뜬 어떤 신상도 만들어서는 안 된다. 너는 그것들에게 경배하거나, 그것들을 섬기지 못한다."(탈출 20,3-5)

이 성경 내용은 하느님 외에 다른 어떤 물건을 또는 잡신을 하느님처럼 만들어 공경하지 말라는 말입니다. 하느님의 모상을 만들지 못한다는 말이 아닙니다. 성경을 똑바로 봅시다.

"속죄판 양쪽 끝을 마치로 두드려 만들어라. 커룹(천사의 이름-저자 주) 하나는 이쪽 끝에, 다른 하나는 저쪽 끝에 자리 잡게 만들어라."(탈출 25,18-19)

"주님께서 모세에게 말씀하셨다. '너는 불 뱀을 만들어 기둥 위에 달아 놓아라. 물린 자는 누구든지 그것을 보면 살게 될 것이다.'"(민수 21,8)

자, 그럼 보십시오. 천사 커룹을 만들고 불 뱀도 만들라는 성경 말씀에 대해 어떻게 생각합니까? 우리가 성경을 대할 때 자기 입맛에 맞추거나 편견을 갖고 해석을 하면 하느님의 구원 진리를 깨닫지 못합니다.

송 양 ???

박 신부 저는 가톨릭의 성상과 성화가 일종의 인류 문화재라고도 생각합니다. 유럽의 예술 작품들 그 바탕에는 가톨릭 신앙이 깔려 있기 때문에 그 작품들을 제대로 감상하기 위해서는 가톨릭 신앙에 대한 이해가 필요합니다.

오늘 이왕 이런 말이 나왔으니 가톨릭의 성상과 성화의 의미를 몇 가지로 요약해서 말씀드리겠습니다.

첫째, 성상과 성화는 성전(聖殿)을 거룩하게 장식합니다. 구약 성경을 보겠습니다.

"커룹들의 날개는 펼쳐진 채 한 커룹의 한쪽 날개가 이쪽 벽에 닿고, 다른 커룹의 한쪽 날개가 저쪽 벽에 닿았으며, 그들의 다른 날개들은 집 가운데에서 서로 닿았다. 그는 이 커룹들을 금으로 입혔다. 그는 집의 온 벽을 안팎으로 돌아가며 커룹과 야자나무와 활짝 핀 꽃을 새겨 넣고, 집의 안쪽 방과 바깥쪽 방바닥을 금으로 입혔다."(1열왕 6,27-30)

구약의 성전을 장식하기 위해 이렇게 정성을 기울였다면, 하느님께 기도를 바치는 신약의 성전을 예수님 상이나 성화, 그리고 사도들의 성상이나 성화로 장식하는 것은 너무나 당연한 일입니다.

둘째, 성상과 성화는 신앙 교육에 있어서 시청각적인 의미가 있습니다. 예수님의 십자가상 고통을 말로써 여러 번 되풀이하는 것보다 그 고통을 표현한 십자고상을 한 번 보여주는 것이 더욱 효과적입니다. 제가 아는 어떤 개신교 신자가 가톨릭으로 개종했는데, 그는 성당에서 처음으로 본 예수님의 십자고상과 성당 벽에 걸려 있는 십자가의 길을 묘사한 그림을 보고서 예수님의 고통을 비로소 가슴 깊이 느끼게 되었다고 하더군요.

개신교에도 기독교 방송국(CBS)이 있지 않습니까? 여기에서도 성경을 묘사한 그림 등을 통해서 선교를 하고 있지 않습니까? 그뿐입니까? 기업이나 공공기관에서도 홍보나 계몽을 위해 포스터를 사용하지 않습니까? 그리스도인들이 그리스도교 신앙을 더욱 심화하기 위해 성상이나 성화를 이용하는 것을 어찌 우상 숭배로 배척하는지 저로서는 이해하기 어렵습니다.

셋째, 우리 가톨릭 신자들은 누구나 집에 예수님의 십자고상을 모시고 있습니다. 이것은 많은 비그리스도인들에게 하는 무언의 신앙 고백이기도 합니다. 한 집의 실내 장식을 보면 그 집주인의 성품과 교양 정도를 알 수 있습니다. 가톨릭 신자들은 방 안에 십자고상이나 성화를 모시는데 이것은 자신들의 신앙을 고백하는 동시에 예수님의 신앙을 부끄러워하지 않는다는 외적 신앙의 표현이기도 합니다.

넷째, 우리는 이순신 장군의 동상이나 초상화 앞에서 경건한 자세로 경의를 표합니다. 그분의 업적을 기리는 방법이지요. 가톨릭 신자들은 교회의 많은 성인 성녀들의 성상이나 성화를 통해 그들의 생활에 자극을 받기도 하고 그들의 성덕 생활을 본받으려는 결심을 하곤 합니다. 그렇게 외곬으로만 생각한다면 개신교 신자들은 어떤 조각도 새길 수 없고 그림도 그릴 수 없겠네요? 조각이나 그림을 부인한다면 그 사람이 진정 문화인이라고 할 수 있을까요? 개신교 신자들은 조각가도 화가도 될 수 없단 말입니까? 그들에겐 예술도 없단 말입니까? 그러면 교회마다 지붕에 십자가는 왜 달아 놓았습니까?

사람이 어찌 죄를 사하는가?

송 양 그런데 가톨릭에는 신자들이 신부님 앞에서 죄를 고백하고, 신부님은 신자들의 죄를 사해 주는 고해성사가 있잖아요. 신부님도 사람인데 어떻게 사람이 사람의 죄를 사해 줄 수 있습니까?

박 신부 송 양이 먼저 고해성사라고 하셨는데, 성사(聖事)란 말이 무슨 뜻인지 아십니까?

송 양 그냥 고해성사를 통해 신자들의 죄를 사해 준다는 것밖에는 모릅니다.

박 신부 개신교에서는 가톨릭을 너무 모르고 있습니다. 2천 년의 전통을 가진 가톨릭 교회에만 정확한 성사가 있습니다.

성사란 '예수님께서 설정하신 것으로, 인류에게 보이지 않는 하느님의 은총을 주기 위한 가시(可視)적인 교회의 의식'

이라고 규정할 수 있습니다.

성경을 보겠습니다.

"많은 마귀를 쫓아내고 많은 병자에게 기름을 부어 병을 고쳐 주었다."(마르 6,13)

"여러분 가운데에 앓는 사람이 있습니까? 그런 사람은 교회의 원로들을 부르십시오. 원로들은 그를 위하여 기도하고, 주님의 이름으로 그에게 기름을 바르십시오."(야고 5,14)

송 양, 개신교에서 목사님들이 환자를 찾아가서 기름을 바르는 것 본 적 있습니까?

송 양 병자를 방문해서 기도하는 것은 보았지만 기름을 바르는 것은 보지 못했습니다.

박 신부 성경에는 분명히 기름을 바르라고 했지요? 가톨릭만이 환자에게 기름을 바르면서 그들을 위해 특별히 기도합니다. 이것을 병자성사라고 합니다.

개신교에는 교파가 너무나 많고 교파마다 주장이 다르기 때문에 구체적으로 말하기는 어렵습니다. 예를 들면 루터파 개신교에서는 성찬식을 대단히 중요시합니다. 대부분의 개신교에서는 세례 안수식, 성찬식 등이 종교 의식의 중심이 되고 있지만 가톨릭에는 일곱 성사가 있습니다. 이 일곱 성사는 곧 그리스도께서 인류 구원을 위해 만드신 은총의 전달 조건이 됩니다. 간단히 소개한다면 세례성사(요한 3,5),

견진성사(사도 8,14-17), 성체성사(이 성사에 대해서는 앞으로 자세히 이야기하게 될 겁니다), 네 번째로 고해성사 그리고 병자성사와 혼인성사(마태 19,4-6), 마지막으로 성품성사(루카 6,13)입니다. 송 양이 가톨릭을 더 깊이 알고 싶다면 개신교에 없는 일곱 성사의 개념과 교회의 진정한 의미가 무엇인지를 공부해야 합니다.

송 양 앞으로 시간을 내보겠습니다. 우선 고해성사에 대해 듣고 싶습니다.

박 신부 송 양, 먼저 저는 이 인간 박 신부가 한 개인의 자격으로 고해성사를 집행하는 것이 아님을 분명히 밝히고 싶습니다.

먼저 이렇게 한번 생각해 봅시다. 법정에서 죄수들을 앞에 놓고 재판관이 무죄 또는 유죄(사형)를 선언합니다. 재판관도 사람인데 어떻게 사람이 사람을 살리고 죽이는 판결을 내립니까?

송 양 그거야 당연히 국가로부터 위임받은 사법권을 가지고 있기 때문이죠.

박 신부 고해성사도 마찬가집니다. 가톨릭의 신부도 그리스도로부터 사죄권(赦罪權)을 받았기 때문에 사람의 죄를 사해 주는 것입니다.

송 양 그리스도로부터 사죄권을 받았다고요?

박 신부 개신교에서는 감히 이런 말을 할 수 없고 그 뜻을 알아듣지도 못합니다. 솔직히 말씀드려서 개신교는 그리스도와 직접 연결되어 있지 않습니다. 가톨릭 교회에서 떨어져 나간 교회이기 때문입니다.

그러나 가톨릭 교회는 2천 년의 전통을 가진 교회로서 바로 그리스도께서 직접 인류 구원의 도구로 세우신 교회입니다. 저는 인간적으로 보잘것없는 존재이지만, 가톨릭의 한 신부입니다. 저에게 부여된 사제로서의 신권(神權)은 곧 그리스도의 제자들을 거쳐 예수 그리스도에게까지 소급이 되고 있기에 신부로서 긍지와 자부심을 갖고 있습니다.

가톨릭에는 개신교에 없는 성품성사가 있기에 가톨릭의 성직자들은 주어진 권한 안에서 신권을 이행합니다.

송 양 성경의 근거를 알고 싶은데요.

박 신부 예. 예수님께서 중풍 병자에게 "애야, 용기를 내어라. 너는 죄를 용서받았다."(마태 9,2) 하시며 사죄권을 행사하실 때에 율법 학자들은 "이 사람이 하느님을 모독하는구나." 하면서 하느님 이외에 누구도 죄를 사할 수 없다고 항의했습니다. 그런데 그리스도께서는 분명히 당신이 이 세상의 죄악을 없애고 인류를 진리의 나라로 인도하는 사명을 가지고 있다고 역설하십니다. 그리스도의 사죄권은 세상 끝 날까지 모든 인간에게 필요한 것입니다. 그런데 그리스도의 사죄권이 그분의 제자들로부터 전승되어 내려오지 않고 있다면 오늘 우리의 죄 사함에는 문제가 생깁니다.

그래서 그리스도는 전 인류가 구원을 받을 수 있도록 하기 위해서 세상 끝 날까지 당신의 구원 사업을 계승했고, 비로소 당신의 전권을 제자들에게 부여하면서 교회를 세우셨습니다.

"너는 베드로이다. 내가 이 반석 위에 내 교회를 세울 터인즉, 저승의 세력도 그것을 이기지 못할 것이다. 또 나는 너에게 하늘나라의 열쇠를 주겠다. 그러니 네가 무엇이든지 땅에서 매면 하늘에서도 매일 것이고, 네가 무엇이든지 땅에서 풀면 하늘에서도 풀릴 것이다."(마태 16,18-19)

이 얼마나 정확한 말씀입니까? 천국의 열쇠를 받은 베드로, 그리고 그 베드로 위에 세워진 교회는 "저승의 세력", 즉 어떤 오류나 세상의 어떤 사조에도 아랑곳하지 않고 굳건히 성장해 가는 교회입니다.

송 양, 개신교에서 이 성경 구절을 어떻게 해석하는지 아십니까?

송 양 글쎄요?

박 신부 그들은 정통적인 베드로의 교회를 부인하기 위해 인간 베드로에게 약속한 교회가 아니라 그의 신앙 위에 세운 교회라면서 신앙만 있으면 구원이 된다는 이론을 펴 나갑니다. 그런데 베드로의 인격을 무시한 그의 신앙 위에 세워진 교회란 상식적으로도 이해하기 어렵습니다.

"너는 베드로이다. 이 반석 위에…….", "나는 너에게 하늘 나라의 열쇠를 주겠다."

이런 표현은 베드로의 인격을 두고 하신 말씀입니다. 신앙 위에 그런 권리를 부여할 수는 없습니다. 물론 성경의 앞뒤 문맥을 보면 베드로가 그리스도의 신성(神聖)을 고백했기 때문에 수위권(首位權)을 받은 것은 사실이지만, 그건 그런 권리를 받을 수 있었던 조건이고 그것을 받은 인격의 주체는 곧 베드로입니다.

어떤 국가의 원수가 총명한 사람을 어느 나라 대사로 임명하면서 그에게 전권을 부여했다고 한다면 그것은 곧 그 인격체에게 주어진 권한이지, 그의 해박한 지식이나 수완에 부여된 것이라고는 할 수 없습니다.

그리고 예수님께서 부활하신 후에 제자들에게 특별히 사죄권을 주신 기록이 있습니다.

"성령을 받아라. 너희가 누구의 죄든지 용서해 주면 그가 용서를 받을 것이고, 그대로 두면 그대로 남아 있을 것이다."(요한 20,22-23)

이 이상 더 명확한 말씀이 또 어디에 있겠습니까? 이 사죄권은 그리스도의 제자들이 그리스도로부터 직접 받았고 또한 그들이 제자들에게 이 사죄권을 물려줌으로써 계승된 것입니다.

"하느님께서는 그리스도 안에서 세상을 당신과 화해하게 하시면서, 사람들에게 그들의 잘못을 따지지 않으시고 우리에게 화해의 말씀을 맡기셨습니다. 그러므로 우리는 그리스도의 사절입니다."(2코린 5,19-20)

"그리스도의 사절"이라고 한 것은 곧 그리스도의 권한을 대리하는 사람이란 뜻입니다. 예수님은 사람이 죄를 범했을 때, 그리고 참회를 할 때마다 나타나셔서 그 죄를 사해 주시지는 않습니다. 당신이 세우신 교회를 통해서 제자들에게 사죄권을 맡겨 대행하도록 하셨습니다.

이것은 신구약을 통해서 우리에게 보여 주신 하느님의 뜻입니다. 예를 들어, 이스라엘 백성을 이집트에서 구해 내실 때에도 하느님께서는 그 대업을 모세에게 맡기셨습니다. 파라오의 추격을 당할 때에도, 광야 한가운데서 목말라 죽게 되었을 때에도 하느님께서 직접 하지 않으시고 모세에게 모든 권한을 주셔서 이스라엘 백성을 살려 주신 것입니다.

바오로 사도는 하느님께서 사죄권을 사람들에게 맡기신 사실에 대해서 다음과 같이 말합니다.

"하느님께서는 그리스도 안에서 세상을 당신과 화해하게 하시면서, 사람들에게 그들의 잘못을 따지지 않으시고 우리에게 화해의 말씀을 맡기셨습니다. 그러므로 우리는 그리스도의 사절입니다. 하느님께서 우리를 통하여 권고하십니다. 우리는 그리스도를 대신하여 여러분에게 빕니다. 하느님과 화해하십시오."(2코린 5,19-20)

"그리스도의 사절" 또는 "우리를 통하여", 이 말씀은 곧 성품성사를 받은 제자들을 말합니다. 개신교는 그리스도와 연결이 끊어진 교회이기 때문에 사죄권이 없습니다. 그래서 고해성사를 이해하지 못합니다.

송 양 그러면 신부님들은 죄를 지으면 어떻게 하나요?

박 신부 아무리 법정에서 재판권을 행사하는 법관이라도 죄를 범하게 되면 또 다른 법관에게 재판을 받아야 하듯이 신부들도 다른 신부들 앞에 가서 죄를 고백하고 고해성사를 받습니다. 주교들도 추기경들도 교황도 신부 앞에서 고해성사를 받습니다.

송 양 하지만 사람들이 죄를 지어도 신부님 앞에 가서 고백만 하면 죄가 사해지니 결국은 죄를 조장하는 것이 아닌지 모르겠습니다.

박 신부 역시 고해성사가 무엇인지 모르기 때문에 하는 말씀인데, 고해성사는 일종의 재판이라고도 할 수 있습니다. 재판장은 고백을 듣는 신부이고, 원고는 죄를 고백하는 사람이고, 피고 역시 죄를 고백하는 사람 자신입니다. 결국 자기 죄를 자기가 스스로 고발하는 형식이기 때문에 이 재판, 즉 고해성사는 어떠한 변호인도 증인도, 증거물도 필요 없는 가장 완전한 재판입니다. 자기의 잘못을 솔직하게 자백하는 그 순간만큼은 어떤 변명도 있을 수 없습니다. 그리고 고해성사의 핵심은 그 죄에 대한 참회의 자세입니다. 또한 남에게 끼친 정신적인 손해나 물질적인 손해는 배상해야 하며 그 죄에 해당하는 보속(補贖)을 해야 합니다. 고해자가 이러한 조건이 갖춰진 재판소에서 죄를 고백할 때, 그 순간만큼은 다시는 그런 죄를 짓지 않겠다는 결심을 할 수 있습니다.

5년 동안 감옥에서 죗값을 치르고 나왔을 때 정상적인 사람이라면 그런 죄를 다시 짓지 않을 것입니다. 여기서 저는 송 양에게 묻고 싶습니다. 개신교에서는 직접 하느님께 죄사함을 받는다고 하는데 그것이 도리어 죄를 더 쉽게 지을 수 있는 조건이 아닐까요?

송 양 어째서요?

박 신부 보십시오. 스스로 자기 죄를 하느님 앞에서 고백했지만 하느님이 그 죄에 대해서 어떤 구체적인 보상을 요구하면서 꾸중을 하십니까? 죄를 범한 것에 대해서 어떤 구체적인 교훈을 주십니까? 하느님은 아무런 말씀도 하시지 않습니다. 어떤 죄를 어떤 모양으로 짓든지 모두 혼자서 하느님과 해결해 버린다면 사죄의 방법이 너무나 간단하기 때문에 더 쉽게 죄를 범할 수 있지 않을까요?

그리고 진정 하느님이 죄를 사해 주셨는지 어떻게 확신할 수 있습니까? 그렇기 때문에 매일같이 하느님 앞에 참회의 눈물을 흘리지만 지워지지 않는 마음의 상처로 인해 기쁨을 누리지 못하는 것 아닐까요?

송 양 하지만 신부님 앞에서 죄를 고백한다는 것은 어쩐지……?

박 신부 역시 고해성사의 뜻을 모르고 하는 말씀입니다. 인간을 구원하기 위해서 하느님의 아드님이 인간이 되셨습니다. 그리스도는 인간의 죄를 용서하는 데 있어서 인간적인 방법을 사용하십니다. 그러므로 우리가 인간으로서 죄를 범했기 때문에 그 해결도 인간적인 방법으로 이루어져야 합니다.

이와 관련하여 바실리오 성인이 한 말을 소개하고 싶습니다. 성인은 이렇게 말했습니다.

"죄의 고백에 있어서는 육체의 병을 치료하듯이 해야 한다. 병자가 병을 치료받기 위해서는 함부로 치료를 받지 않고 의학과 지식을 겸비한 의사를 찾아가서 자신의 병 증세를 자세히 고하고 그 의사의 처방을 받아야 한다. 마찬가지로 영혼의 병인 죄를 없애고 치료받기 위해서는 사죄권을 가진 자 앞에서 죄를 고백해야 한다."

초대 사도들의 교회에서도 죄를 고백한 사실을 볼 수 있습니다.

"그러자 신자가 된 많은 사람들이 나서서 자기들이 해 온 행실을 숨김없이 고백하였다."(사도 19,18)

그리고 앞에서 본 바와 같이 모든 것을 풀고 매는 권한을 가진 교회가 그들이 범한 죄가 어떤 것인지를 알아야 풀고 매는 권한을 사용할 수 있지 않겠습니까? 그리고 죄는 언제나 그 죄에 상응하는 보상, 즉 보속이 따라야 합니다. 사람을 죽였으면 그 죄에 대한 대가를 치러야 하듯이 하느님 앞에서도 마찬가지입니다. 그러니까 그들이 범한 죄를 알지 않고는 정확한 교정이나 죄에 상응하는 보속을 줄 수 없습니다.

인간 양심의 특성상 사람은 죄를 범한 만큼의 보상을 치러야 마음의 평화를 얻게 되고 또 아무도 몰래 범한 죄일지라도 그것을 토로하지 않고는 마음의 평화를 누릴 수 없게 되어 있습니다. 독약을 마셨으면 그것을 토해야 하고, 손톱 밑에 가시가 박혀 있으면 그것을 뽑아 버려야 근본적인 치료를 할 수 있습니다. 우리의 죄의식도 마찬가지입니다. 죄를 범했다면 그것을 토해 버려야 근본적인 양심의 상처가 아무는 것입니다.

요즈음 정신과에서 사용되는 치료 기법 가운데 '정신 요법'

이라는 것이 있습니다. 정신 요법이란 그 사람의 과거를 있는 그대로 털어 내어 놓고 정리하는 방법입니다. 그래서 미국의 어떤 정신과 의사가 가톨릭의 고해성사를 연구한 다음 이런 말을 했다고 합니다.

"예수 그리스도야말로 인류 최고의 심리학자이자 인류 최초의 정신 분석가다."

'임금님 귀는 당나귀 귀'라는 이야기가 말하는 교훈이 무엇이라고 생각합니까? 수사관들에 따르면 도망 다니던 범죄자들이 체포되어 감옥에 들어가면서 "이제 더 이상 붙잡힐까 봐 불안해하지 않아도 되겠군."이라고 말한다고 합니다. 결국 자신의 죄가 드러났고 그 죄에 대한 대가를 치름으로써 마음의 불안에서 벗어날 수 있기 때문이 아니겠습니까? 제가 35년간 사제로 살아오면서 가장 보람 있었던 순간은 고해소에서 많은 죄로 신음하던 이들이 죄를 다 털어놓고 눈물을 흘리며 기뻐하는 모습을 볼 때였습니다. 더구나 제가 젊은 사제로서 고해소에 있을 때 국회 의원, 법관, 대학 교수들이 무릎을 꿇고 죄를 고백하는 모습을 보면서 그들의 겸손한 자세가 하느님께 얼마나 큰 기쁨이 될 것인가에 대해 생각하게 되었습니다.

인간은 누구나 하느님 앞에 죄인입니다. 하느님의 무거운 심판을 거부할 수 있는 사람은 아무도 없습니다. 진정 한 인간인 신부 앞에서 하느님의 용서를 청하는 그러한 겸손한 자세가 없다면, 어떻게 감히 우리가 주님 앞에서 죄의 용서를 받을 수 있겠습니까?

목사님들도 신자들의 신앙생활을 지도하고 때로는 죄의 고백도 듣는 것으로 알고 있습니다. 학교마다 상담을 맡은 선생님들이 따로 있지 않습니까? 살다 보면 부부끼리도 할 수 없는 얘기, 부모 자식 간에도 할 수 없는 얘기가 있습니다. 이런 이야기를 독신자 신부 앞에서, 더구나 그리스도로부터 사죄권을 받은 사제 앞에서 다 털어놓고 하느님과 화해하는 그 아름다움은 경험해 보지 않고는 아무도 알 수 없습니다.

송 양 조금은 이해할 수 있을 것 같습니다. 하지만 한 가지 의문이 있습니다. 신부님들이 신자들의 죄를 듣고 남에게 누설을 할 경우에는 어떻게 됩니까?

박 신부 그것 역시 고해성사에 대해 잘 모르고 하는 말입니다. 고해소에서 일어난 일은 고해소에서 끝납니다. 고해의 비밀은 사제들이 생명을 걸고 지킵니다. 영화에서도 가끔 그런 사실을 보지 않습니까? 생명을 걸고 고해의 비밀을 지키는 사제의 이야기 말입니다.

2천 년 가톨릭 교회 역사상 신부들이 인간적으로 타락한 적은 있었어도 고해의 비밀을 폭로한 적은 한 번도 없었습니다. 오히려 많은 사제가 고해의 비밀을 자신의 생명과 맞바꾸어야 했습니다.

제가 서울 명동성당에 임시로 있었을 때 일입니다. 밤중에 누군가가 거칠게 저의 방문을 두드렸습니다. 문을 열어 보니 험상궂은 젊은 청년이 찾아와서 "신부님, 오늘 저녁에 제가 사람을 죽였습니다. 이 죄를 고백하기 위해 신부님을 찾아왔습니다." 하고 말하는 것이었습니다. 그런데 그 청년은 아무런 종교도 없는 사람이었습니다. 양심의 가책을 막을 길이 없어 무작정 신부를 찾아왔던 것입니다.

이것이 죄를 범한 인간의 불안한 모습입니다.

송 양 한 가지 더 묻고 싶습니다. 가톨릭에서는 개신교의 참회 행위를 어떻게 봅니까?

박 신부 처음에도 말씀드렸듯이 대단히 죄송스러운 말씀이지만, 목사님들은 어떤 신권(神權)을 부여받은 사람들이 아닙니다. 개신교에는 성품성사가 없기 때문에, 다시 말씀드리면 그 교회의 근원이 그리스도에게까지 소급되는 것이 아니기 때문에 죄의 사함도 고작 하느님 앞에서의 참회로만 일관합니다.

가톨릭에서도 진실한 참회는 죄의 용서를 받을 수 있다고 가르칩니다. 또는 극기, 희생, 자선 행위 등으로도 죄 사함을 받을 수 있습니다. 그러나 그 참회와 극기가 어느 정도

냐가 언제나 문제로 남아 있고 그런 행위는 많은 사람이 하느님께 용서를 비는 행위일 뿐, 성사적인 입장에서 어떠한 확신도 줄 수 없습니다. 그렇기에 가톨릭에서 죄의 사함을 받기 위해서는 일차적으로 사죄권을 가진 신부에게 고해성사를 받아야 합니다.

송 양 사죄권을 갖지 않은 신부님도 있습니까?

박 신부 예, 있습니다. 전에도 말씀드렸듯이 고해성사도 하나의 재판 형식입니다. 어떤 법관이 재판하기 위해서는 적어도 상부의 권한을 위임받아야 하듯이 고백을 듣는 신부도 교회로부터 사죄권을 정식으로 받아야 합니다. 그렇지 않고는 사죄권을 행사할 수 없습니다. 이 문제에 대한 한 가지 오해가 소위 면죄부 사건이지요.

소위 면죄부 사건의 진상

송 양 그렇지 않아도 이 문제에 대해 신부님과 이야기를 나누고 싶었습니다.

박 신부 잘 됐군요. 이번 기회에 이 문제에 대해 정확하게 말씀드리겠습니다.

먼저 '면죄부(免罪符, Indulgence)'란 번역 자체가 지나치게 비약적입니다. 이 역시 가톨릭 교리를 모르는 데서 비롯된 것인데, 먼저 여기 국어사전을 보십시오.

"중세 로마 가톨릭 교회에서 금전 재물을 바친 사람에게 그 죄를 면한다는 뜻으로 발행하던 증서"(국립국어연구원 편저, 《표준국어대사전》, 두산동아, 1999).

물론 역사적인 사건을 국어 학자에게 문의한다는 것이 바른 태도가 아닌 줄은 압니다만 영문으로 'Indulgence'라는 단어까지 소개하면서 어떻게 그 말을 '면죄부'라고 번역을 했는지 묻고 싶습니다. 오역도 이만저만한 오역이 아니지요. 본래 Indulgence라는 단어는 라틴어 Indulgentia(관대, 은사, 대사, 후하게 베풀어 줌)에 그 어원을 두고 있으며, Indulgere(관대하게 처리하다, 용서해 주다)라는 동사에서 나온 말입니다.

여기에 어원을 둔 Indulgence는 '관대', '용서', '호의'라는 의미를 가지고 있으며 이것을 가톨릭 교회에서는 '대사(大赦)'라는 뜻으로 옮겨 사용하고 있습니다. 그러므로 이 단어를 정확하게 번역하면 '대사부(大赦符)' 또는 '대사령(大赦令)'이 되어야 맞습니다.

송 양 일반 대중들에게는 그런 어려운 단어의 문제가 아니라 그 당시 교회에서 금전 거래를 통해서 죄를 사해 준 사실이 문제가 되는 것 아닐까요?

박 신부 그것 역시 큰 오해입니다. 우선 소위 면죄부 사건을 제대로 알기 위해서는 가톨릭 교회의 '대사'를 먼저 알아야 합니다. '대사'라는 것은 고해성사를 받은 후에도 여전히 남아 있는 그 죄에 따라오는 잠벌(暫罰)의 일부나 혹은 그 전부를 그리스도의 무한한 공로로써 면제해 주는 은전(恩典)이라고 할 수 있습니다.

송 양 무슨 말씀인지 잘 모르겠습니다.

박 신부 다시 말씀드리면 죄와 벌을 구분해야 한다는 뜻입니다. 고해성사를 통해서 죄는 사해졌지만 그 벌은 그대로 남아 있습니다. 예를 들어 급성 맹장염 환자가 수술을 받아 죽음은 면했더라도 그 수술의 통증은 남아 있는 것과 같습니다. 그러므로 죄로 인해 오는 통증, 즉 그 벌은 보속을 통해서 없어지는데 교회가 부여하는 대사를 통해서도 없앨 수 있는 것입니다. 이것은 마치 국가의 원수가 국가의 경축일에 수형자들에게 특사를 내리는 것과도 같습니다.

가톨릭 교회에는 그리스도로부터 받은 교권으로 현재 25년마다 '성년(聖年)'을 선포하고 특별히 대사의 은혜를 베푸는 제도가 있습니다.

송 양 그런데 그 대사령이 어떻게 면죄부 사건이 된 거죠?

박 신부 16세기 당시 레오 10세 교황은 성 베드로 대성전 건립을 위해 세계 교회 차원에서 모금 운동을 해야만 했습니다. 레오 10세 교황이 '대사'를 받을 수 있는 일반적인 조건에 성 베드로 대성전 건립을 위한 헌금 조항을 하나 더 첨부한 것이 소위 '면죄부' 사건의 발단이 된 것입니다.

이 헌금의 목적이 어떤 개인의 영달을 위한 것이 아니고 그리스도의 수제자 베드로의 성소(聖所)를 마련하여 길이길이 뭇 백성들의 중심이 되는 성전을 건립하고자 하는 데 있었으므로 아무런 문제가 없었습니다.

오늘날 로마에 있는 성 베드로 대성전이 세워진 그곳은 베드로 사도가 순교했던 유서 깊은 성지입니다. 구약의 모세도 성소를 장식하기 위해 이스라엘 백성의 헌금을 요구했는데, 하물며 교회를 짓기 위해서 교회에서 특별 헌금을 받은 것이 문제가 될 이유는 없는 거지요.

그런데 이 대사령이 독일에 와서, 그 전달되는 방법에서 문제가 된 것입니다.

당시 독일 교회의 대사 담당이었던 알베르트 추기경은 이 대사령을 널리 선전하여 많은 실효를 거두기 위해서 대사 교리와 그 선전 방법에 관한 장문의 교서를 발표했습니다. 이 교서에 열거된 대사를 받는 조건은,

1. 과거에 범한 죄를 참회한 후 고해성사를 받아야 한다.
2. 적어도 지정된 성당 일곱 곳을 순례하고 성당 순례 때마다 그리스도의 오상(五傷), 즉 십자가에 못 박힌 양손과 양발 그리고 창으로 찔린 옆구리의 상처를 묵상하는 뜻으로 주님의 기도와 성모송을 다섯 번씩 바치거나 시편 50편을 바쳐야 한다.
3. 성 베드로 대성전 건축비로 응분의 헌금을 한다.

등이었습니다.

그런데 이 마지막 3항에 대해서 언급하기를, "천국은 부자나 가난한 자 모두에게 열려 있기에 돈 없는 가난한 자들은 헌금 대신 기도나 단식으로 대사를 받을 수 있다."라고 명백히 밝혀 놓았습니다.

그리고 알베르트 추기경의 교서에서는 위의 1항과 2항을 실천한다는 조건하에서 먼저 헌금을 하는 이에게는 헌금 수령 증서를 주었습니다. 이 증서를 가진 자에게는 고해 신부를 자유롭게 선택할 수 있는 특권이 부여되었습니다. 그런데 이 헌금 수령 증서가 와전되어 소위 '면죄부'라는 이름이 붙어 허무맹랑하게 돈을 주면 죄가 사해진다는 비약적인 표현으로 바뀐 것입니다.

송 양 고해 신부 선택의 권리란 무슨 뜻입니까?

박 신부 조금 전 고해성사에 대해서 언급할 때 말이 나왔습니다만, 사죄권은 하나의 관할권 문제이므로 교회법상 사죄권이 제한되어 있습니다. 신부는 자신의 지위 여하에 따라 또는 죄의 경중이나 관할권의 문제 등으로 자기에게 부여된 권한 내에서만 사죄권을 행사할 수 있습니다. 그런데 성당 건축 헌금을 한 헌금 증서만 지참하면 어떠한 교회법적인 제한 없이 어떤 신부에게 가서도 죄를 고백할 수 있고, 또 그 신부는 헌금 증서 소유자에게는 제한 없이 교회로부터 받은 사죄권을 행사할 수 있는 권한이 부여된 것입니다.

그렇지만 솔직히 말씀드리면 교회 일부에서는 이 헌금 증서를 내세우고 지나친 모금에만 몰두한 나머지, 정도에 지나친 남용도 없지 않았습니다. 그래서 이것이 소위 종교 개혁의 한 원인이 되기도 했습니다. 그러나 부분적인 추문을 내세워 일반적인 결론을 내릴 수는 없지 않습니까?

송 양 모든 것이 처음 듣는 이야기군요. 그런데 가톨릭의 교권, 특히 교황권에 대해서 좀 알고 싶습니다. 가톨릭은 지나치게 교권주의적인 것 아닌가요?

가톨릭의 교권

박 신부 흔히들 그러지요. 가톨릭은 권위주의적이고, 교권(敎權) 위주의 교회이며 교황과 주교들의 권위 의식에 사로잡힌 교회라고 말입니다.

우선 '교회'라는 개념에 대해 생각해 보죠. 교회는 그리스도께서 말씀하신 사명을 수행하기 위해 그리스도를 대리해서 인류 구원의 기관으로 세워진 것입니다.

"나는 길이요 진리요 생명이다."(요한 14,6) 하신 그리스도의 사명은 세 가지로 분석됩니다.

첫째, "진리요", 즉 진리를 가르치는 스승 그리스도를 받아들여야 합니다. 가르치는 그리스도, 그래서 이것을 받은 교회는 '교도권(敎導權)'의 주인공입니다. 교회는 그리스도께서 가르치신 구원의 진리를 그대로 가르칠 의무가 있습니다.

"내가 너희에게 명령한 모든 것을 가르쳐 지키게 하여라." (마태 28,20)

"너희 말을 듣는 이는 내 말을 듣는 사람이고, 너희를 물리치는 자는 나를 물리치는 사람이며, 나를 물리치는 자는 나를 보내신 분을 물리치는 사람이다."(루카 10,16)

이 말씀을 제대로 알아듣는다면 교회의 가르치는 사명이 얼마나 중대한지를 알게 될 것입니다. 그런데 그리스도의 가르침이 잘못 전달된다면 어떻게 되겠습니까? 이는 우리 구원과도 직결되는 매우 중요한 문제가 아니겠습니까?

가르치는 스승은 언제나 권위가 있어야 합니다. 따라서 교회가 그리스도의 진리를 가르치는 사명을 띠고 있다면 그리스도는 교회를 통해서 당신 진리의 정확성을 보증했어야 했을 것입니다. 그런데 그리스도께서는 "너는 베드로(베드로라는 말은 반석이라는 뜻-저자 주)이다. 내가 이 반석 위에 내 교회를 세울 터인즉, 저승의 세력도 그것을 이기지 못할 것이다."(마태 16,18) 하셨습니다.

여기서 말하는 "저승의 세력"은 진리를 거스르는 오류를 뜻합니다. 세상의 어떤 이단과 이설도 베드로의 교회를 없애지 못할 것이라는 뜻입니다.

한마디로 교회는 그리스도의 약속대로, 즉 "내가 세상 끝 날까지 언제나 너희와 함께 있겠다."(마태 28,20)라고 언약하신 대로 그리스도의 정통 가르침을 세상 마칠 때까지 끝까지 보존하기 위해서 교도권을 동시에 부여받은 것입니다.

인간 베드로에게 절대적인 보장은 너무 벅찬 것이었던지, 그리스도께서는 다시 교회에 성령을 약속하셨습니다.

"내가 아버지께 청하면, 아버지께서는 다른 보호자를 너희에게 보내시어, 영원히 너희와 함께 있도록 하실 것이다. 그분은 진리의 영이시다."(요한 14,16-17)

"그러나 그분 곧 진리의 영께서 오시면 너희를 모든 진리 안으로 이끌어 주실 것이다."(요한 16,13)

이 말씀이 무슨 뜻이겠습니까? '영원히 함께 계실 성령', 그리고 '진리를 깨닫게 하시는 성령', 이것은 교회의 교권이 절대적으로 보장되어 있다는 뜻입니다. 교회는 교도권을 행사함으로써 구원의 참뜻을 가르치고 있습니다. 하나의 진리이신 성령께 처음으로 약속받았던 교회는 오직 가톨릭뿐입니다. 상식적으로 생각해도 교리가 서로 다른 잡다한 종파 속에서 어떻게 진리의 성령이 그리스도의 정통 진리를 가르친다고 할 수 있겠습니까?

둘째, "나는 길이요", 이 말씀은 양들을 다스리는 목자로서의 '사목권(司牧權)'을 뜻합니다. 교회는 진리를 가르치고 동시에 그들이 올바로 하늘나라로 가도록 인도하는 목자로서의 사명이 있습니다. 예수님은 역시 사목권, 즉 교회를 다스리는 권한을 베드로에게 주셨습니다.

예수님이 "요한의 아들 시몬아, 너는 이들이 나를 사랑하는 것보다 더 나를 사랑하느냐?" 하고 물으셨을 때, 베드로는 "예, 주님! 제가 주님을 사랑하는 줄을 주님께서 아십니다." (요한 21,15-17) 하고 대답하였습니다.

이렇게 같은 물음을 세 번씩이나 반복하신 후에 예수님은 베드로에게 이렇게 명령하셨습니다. "내 양들을 돌보아라."

송 양 교회가 신자들을 다스리기 위해 구체적으로 어떤 방법을 사용합니까?

박 신부 교회의 사목권은 쉽게 이야기해서 교회의 행정권입니다. 물론 신앙인의 모임이며 동시에 하느님의 은총으로 말미암아 하늘나라를 향한 인류 구원의 목적으로 이룩된 교회이지만, 어떻든 인간들의 모임이 아닙니까?

개신교에도 교회 안에 청년회가 있고 학생회가 있지 않습니까? 거기에도 회장이 있고 회칙이 있지 않습니까? 마찬가지로 행정권의 책임자인 교황을 위시해서 주교, 신부들, 그리고 신자들을 위해 필요한 교회법 등으로 가톨릭 교회가 유지됩니다.

송 양 성경에 교회가 교권을 행사하라는 말이 나오나요?

박 신부 지금까지 말씀드린 '하늘나라의 열쇠'를 받은 교회는 당연히 행정권을 수행해야 합니다. 더구나 "내 양들을 잘 돌보아라." 하신 말씀이 무슨 뜻이겠습니까? 또 예수님께서는 교회의 사명을 이렇게 말씀하십니다.

"그가 그들의 말을 들으려고 하지 않거든 교회에 알려라. 교회의 말도 들으려고 하지 않거든 그를 다른 민족 사람이나 세리처럼 여겨라."(마태 18,17)

그리고 계속해서 당신이 세우신 교회의 권위를 입증하기 위해서 다음과 같이 말씀하셨습니다.

"내가 진실로 너희에게 말한다. 너희가 무엇이든지 땅에서 매면 하늘에서도 매일 것이고, 너희가 무엇이든지 땅에서 풀면 하늘에서도 풀릴 것이다."(마태 18,18)

결국 이 말씀은 신자들의 모든 문제는 궁극적으로 교회에서만 해결할 수 있다는 뜻이 아니겠습니까?

세 번째, "생명이다.", 이것은 교회가 지닌 핵심적인 요소지요. 다시 말해서 교회는 그리스도께서 약속하신 영원한 생명을 전달해 주는 지상의 유일한 인간 단체입니다. 여기서 그리스도는 교회를 통해서 하느님의 영원한 은총, 곧 영생의 은혜를 주시기 위해 '사제권'(司祭權), 즉 '성품성사'를 세우신 것입니다.

이 문제와 연결된 것이 가톨릭의 성체성사입니다. 이 성사에 대해서는 다음에 따로 말씀드리겠습니다.

송 양 그러면 한마디로 그리스도는 베드로를 통해 교회를 세웠다는 얘기가 되는데……?

박 신부 그렇습니다. 베드로는 열두 제자 중 첫째 제자로서 수위권을 받은 그리스도 교회의 첫 책임자였습니다. 오늘날 이 베드로의 후계자가 곧 교황입니다.

송 양 그런데 성경을 보면 예수님께서 베드로를 저주하신 적이 있지 않습니까?

박 신부 좋은 질문입니다. 예수님께서 당신이 십자가에서 처형될 것을 미리 알려 주셨을 때 베드로에게 다음과 같이 말씀하셨습니다.

"사탄아, 내게서 물러가라. 너는 나에게 걸림돌이다. 너는 하느님의 일은 생각하지 않고 사람의 일만 생각하는구나!"
(마태 16,23)

이 구절 하나를 들어 베드로는 예수님과 상극의 관계였다고 잘라 말한다면 그것은 성경을 곡해하는 것입니다. 그 말씀은 스승의 구원 계획을 잘 몰랐고, 너무나 인간적인 차원에서만 생각하고 있었던 베드로에게 하신 스승 예수님의 꾸중일 뿐입니다.

그런데 보십시오. 걸림돌이었던 베드로는 하늘나라의 열쇠를 받았고 또 그리스도의 양을 돌보는 책임을 맡게 되었습니다. 더구나 예수님은 베드로를 위해 기도하셨습니다.

"시몬아, 시몬아! 보라, 사탄이 너희를 밀처럼 체질하겠다고 나섰다. 그러나 나는 너의 믿음이 꺼지지 않도록 너를 위하여 기도하였다. 그러니 네가 돌아오거든 네 형제들의 힘을 북돋아 주어라."(루카 22,31-32)

이것은 인간 베드로의 회심을 위한 기도였고, 베드로는 세 번이나 그리스도를 배반했지만 자신의 회개를 통해 그리스도의 교회를 맡은 것입니다.

성경의 한 구절만을, 더구나 앞뒤의 연관성 없이 외곬으로 알아듣는다면 이런 경우에는 어떻게 해야 하겠습니까?

"그들은 예수님께서 미쳤다고 생각하였던 것이다."(마르 3,21) 이 말을 잘못 해석하여 예수님을 미치광이로 여기는 것과 뭐가 다릅니까?

송 양 하하하, 그런 구절은 처음 듣는 것 같아요.

박 신부 성경을 손에 들고 있다면 그 내용을 옳게 알아들으려고 노력해야 합니다. 베드로 위에 세워진 교회는 교도권, 사목권 사제권을 행사하는 명실 공히 그리스도의 대리 기관입니다. 그래서 2천 년 전 그리스도에 의해 직접 세워진 교회인 가톨릭은 교권을 통해서 역사적으로 무수히 많은 이단과 세속 사조 속에서도 그리스도의 가르침을 조금도 변함없이 오늘 이 시대 우리에게까지 전하고 있습니다.

사실 오늘의 개신교도 가톨릭이 없었다면 어떻게 존재할 수 있었겠습니까? 그러니 그리스도의 정통 가르침을 알아

보기 위해서라도 가톨릭을 연구해야 한다고 생각합니다.

송 양 그러니까 가톨릭 교회의 교권은 베드로의 권리라고 볼 수 있겠네요?

박 신부 그렇습니다. 예수님께서 교회를 세우실 때 열두 제자 중에서 베드로를 수제자로 뽑아 '천국 열쇠'를 맡기면서 교회의 수장으로 삼으셨습니다. 그 베드로의 후계자가 오늘의 교황입니다.

송 양 그렇다면 천주교의 초대 교황이 베드로라는 뜻인가요?

박 신부 그렇습니다. 성 베드로가 1대 교황이고 2대 교황은 성 리노, 3대 교황은 성 아나클레토, 4대 교황은 성 클레멘스, 이렇게 내려와서 현재 프란치스코 교황이 266대째 베드로입니다.

송 양 그러니까 초대 베드로와 연결된 교황이란 말이지요?

박 신부 그렇습니다. 그러니까 천주교야말로 그리스도의 정통 교회입니다. 예수님께서 주신 베드로의 모든 권한을 오늘날 교황이 그대로 이어받아 교권을 행사하고 있습니다.

송 양 예수님께서 주신 베드로의 교황권에 성경적인 근거가 있습니까?

베드로(교황)의 수위권 행사

박 신부 교회도 인간이 모인 단체입니다. 물론 그 설립자가 예수님이시고 인류 구원이란 뚜렷한 목적이 있기 때문에 일반 세상 단체와는 그 성격이 다르지만, 인간을 위한 인간의 모임입니다. 회사에 사장이 있고 군대에 사령관이 있고 배에는 선장이 있듯이 교회라는 단체를 이끌어 가기 위해서는 단체장이 있어야 합니다. 그래서 천주교는 세계적으로 가장 큰 단체이지만 교황의 권위에 의해서 일사불란하게 움직이고 있습니다.

더군다나 교회가 인류 구원의 진리를 선포해야 할 의무를 지니고 있다면 여기에 반대되는 이단적인 가르침을 경고하고 모든 신자를 올바로 다스려 나가는 권한이 있어야 합니다. 구약 시대에도 유다교의 사제인 레위인이 권리를 행사한 사실을 엿볼 수 있습니다.

"너희 성 안에서 살인이나 다툼이나 폭력과 관련하여 너희가 판결을 내리기 어려운 송사가 있을 경우에는 …… 레위인 사제들과 그때에 직무를 맡은 판관에게 가서 문의해야 한다. 그러면 그들이 너희에게 그 사건의 판결을 알려 줄 것이다. …… 그들이 너희에게 지시하는 그대로 명심하여 실행해야 한다. …… 사제나 판관의 말을 듣지 않고 제멋대로 행동하면, 그 사람은 마땅히 죽어야 한다. 이렇게 너희는 이스라엘에서 악을 치워 버려야 한다."(신명 17,8-12)

신앙과 진리의 일치를 보전하기 위해서는 권위 행사가 필요합니다. 국가마다 나라를 다스리는 원수가 있게 마련입니다. 그러나 개신교적인 사고방식으로는 "우리 교회의 우두머리는 하느님이시다."라고 할 것입니다.

그러나 그것은 일종의 궤변입니다. 교회가 갈라져서 싸움을 할 때 하느님이 직접 나타나셔서 중재한 사실이 있습니까? 하느님은 인간을 통해서 교회 권한을 행사하도록 하신 것입니다. 그래서 베드로에게 "내 양들을 잘 돌보아라." 하시면서 '천국의 열쇠', 곧 지상의 권한을 상징하는 수위권을 주신 것입니다. 개신교에는 하느님이 임명하신 우두머리가 없습니다. 그래서 결과적으로 분열에 분열을 거듭하게 되어 어느 교파가 진정 그리스도의 가르침을 전하는지 분간

송 양   하기 힘들게 된 것입니다.

송 양   개신교의 분열은 사실 문제가 있어요.

박 신부   계속해서 그리스도께서 베드로에게 수위권을 주신 모습을 살펴보겠습니다. 앞에서 누누이 말씀드렸듯이 예수님께서 "너는 베드로(반석)이다."라고 하신 말씀은 그에게 맡길 사명의 성격을 생각하여 예수님께서 직접 주신 새로운 이름입니다. 성경에서 새 이름은 새로운 지위나 사명을 뜻합니다.

"너는 더 이상 아브람이라 불리지 않을 것이다. 이제 너의 이름은 아브라함(많은 민족들의 아버지-저자 주)이다. 내가 너를 많은 민족들의 아버지로 만들었기 때문이다."(창세 17,5)

그리고 그리스도의 탄생을 예고할 때에도 "마리아가 아들을 낳으리니 그 이름을 예수라고 하여라. 그분께서 당신 백성을 죄에서 구원하실 것이다."(마태 1,21)라고 말씀하셨지요. 그래서 시몬은 베드로(반석)가 된 것입니다. 그 반석 위에 튼튼한 교회를 세운다는 뜻입니다.

반석이란 말은 성경 여러 곳에서 볼 수 있습니다.

"바위(반석)이신 그분의 일은 완전하고 그분의 모든 길은 올바르다."(신명 32,4)

"주님은 저의 반석, 저의 산성, 저의 구원자 저의 하느님, 이 몸 피신하는 저의 바위 저의 방패, 제 구원의 뿔, 저의 성채이십니다."(시편 18,3)

그러므로 "너는 베드로(반석)이다. 내가 이 반석 위에 내 교회를 세우겠다."(마태 16,18) 하신 말씀은 베드로 사도를 교회의 기초로 삼겠다는 뜻이며 이 교회는 세상 끝 날까지 계속되는 튼튼한 기반이 된다는 뜻입니다.

"그러므로 나의 이 말을 듣고 실행하는 이는 모두 자기 집을 반석 위에 지은 슬기로운 사람과 같을 것이다. …… 그러나 나의 이 말을 듣고 실행하지 않는 자는 모두 자기 집을 모래 위에 지은 어리석은 사람과 같다."(마태 7,24-26)

예수님께서는 또, "나는 너에게 하늘나라의 열쇠를 주겠다."(마태 16,19)라고 하셨습니다. 열쇠가 무슨 뜻인지 알겠지요?

송 양 열고 닫는 권한이겠죠.

박 신부 그렇습니다. 성경의 예를 보겠습니다.

"나는 죽음과 저승의 열쇠를 쥐고 있다."(묵시 1,18)

"나는 다윗 집안의 열쇠를 그의 어깨에 메어 주리니 그가 열면 닫을 사람이 없고 그가 닫으면 열 사람이 없으리라." (이사 22,22)

열쇠는 모든 권한을 상징합니다.

이렇게 교회의 전권을 받은 베드로에게 이젠 구체적으로 그것을 실천에 옮기라고 그리스도는 말씀하십니다.

"내 양들을 잘 돌보아라."(요한 21,15-17) 그러고는 거듭 세 번씩이나 부탁하셨습니다. 그뿐만이 아닙니다. 예수님께서는 베드로를 위해 특별히 기도하셨습니다.

"시몬아, 시몬아! 보라, 사탄이 너희를 밀처럼 체질하겠다고 나섰다. 그러나 나는 너의 믿음이 꺼지지 않도록 너를 위하여 기도하였다. 그러니 네가 돌아오거든 네 형제들의 힘을 북돋아 주어라."(루카 22,31-32)

이렇게 예수님께서는 베드로를 교회의 수장으로 뽑으시고 후속 조치를 하십니다. 이제는 실제로 베드로가 수위권을 행사한 사실을 보도록 하겠습니다.

첫째, 그는 열두 사도 중에 제일 먼저 예수님의 이름으로 기적을 행했습니다.

"'나자렛 사람 예수 그리스도의 이름으로 말합니다. 일어나 걸으시오.' …… 그러자 그가 즉시 발과 발목이 튼튼해져서 벌떡 일어나 걸었다."(사도 3,6-8)

그리고 베드로가 오순절에 예루살렘에서 첫 번째로 설교한 사실입니다. 사도행전 2장 14절입니다. 그리고 코르넬리우스를 비롯하여 이방인들을 최초로 개종시킨 사실이 또 있습니다. 사도행전 10장을 보십시오. 그리고 배반자 유다의 자리를 채우기 위해서 새로운 제자를 뽑는 과정 역시 모든 것을 베드로가 주관합니다. 사도행전 1장을 보십시오.

"그 무렵 베드로가 형제들 한가운데에 서서 말하였다. 그

자리에는 백스무 명가량 되는 무리가 모여 있었다. '형제 여러분 …… 유다에 관해서는 …… 유다는 우리 가운데 한 사람으로서 …… 그런데 그자는 부정한 삯으로…….'"(사도 1,15-18)

그리고 교회 창립 이후 처음으로 예루살렘에서 사도 회의가 있었습니다. 이 회의에서도 베드로 사도가 모든 것을 주관해서 수위권을 행사했습니다. 보세요.

"오랜 논란 끝에 베드로가 일어나 그들에게 말하였다. '형제 여러분, 다른 민족들도 내 입을 통하여 복음의 말씀을 들어 믿게 하시려고 하느님께서 일찍이 여러분 가운데에서 나를 뽑으신 사실을 여러분은 알고 있습니다.'"(사도 15,7)

그리고 베드로가 그의 권위로 사도들을 속인 하나니아스를 크게 벌준 사실도 있습니다.

"(재산을) 판 값의 일부를 떼어 놓고 나머지만 가져다가 사도들의 발 앞에 놓았다. 그러자 베드로가 말하였다. '…… 왜 사탄에게 마음을 빼앗겨 성령을 속이고…….'"(사도 5,1-6)

이상 몇 가지 성경적인 근거를 보면 베드로가 예수님으로부터 수위권을 받았고 실제로 그것을 행사한 사실을 알 수 있습니다. 초대 교회 교부들, 예컨대 아우구스티노는 베드로를 '제1의 사도'라고 했으며, 에우세비오 같은 학자들도 베드로를 '사도들의 수장' 또는 '사도직의 원수'라고 표현했습니다.

송 양 그러니까 베드로의 수위권을 그대로 받은 오늘의 교황도 교회의 수위권을 가지고 있다는 말씀이지요?

박 신부 그렇습니다. 우리 천주교의 최고 통치자는 교황입니다. 그러나 예수님 말씀대로 세상 끝까지 함께하시겠다고 했고, 성령이 인도하는 교회라고 하셨기에 천주교는 순수히 인간의 모임만은 아닙니다. 그것은 역사가 증명하고 있습니다. 그 옛날 로마 시대 네로 황제가 교회 말살을 시도했지만 교회는 더욱더 크게 성장했습니다. 2천 년 동안 많은 시련과 이단이 있었지만 교회는 정통 교리를 그대로 보존하면서 인류를 구원의 길로 인도하고 있습니다. 우리나라에서도 근 100년간의 박해가 있었습니다. 그러나 박해자들은 사라졌고 교회는 살아 있습니다. 교황을 보십시오. 바티칸의 원수이기도 하지만 무기도 없고 커다란 영토도 없습니다. 그러나 전 세계인들이 존경하는 세계적인 정신 지도자가 아닙니까? 교황이 해외를 순방하는 모습을 TV나 신문에서 많이 보셨지요?

송 양 우리나라에도 오셨지요? 천주교의 일치단결은 정말 부럽습니다.

박 신부 나무는 그 열매를 보고 알 수 있다고 했습니다. 진정 예수님을 믿는 교회가 전 세계적으로 수백 종파나 있는데 그 모든 것이 다 진리라고 할 수 있겠습니까? 그 모두가 예수님의 참가르침을 갖고 있다고 할 수 있겠습니까? 역사적인 사건을 기록하는 데 여러 가지 이견이 있을 수 있습니다. 하지만 그 모두가 진리일 수는 없습니다. 진리의 기록은 하나뿐입니다. 다른 모든 것은 가설이거나 근거 없는 기록일 수밖에 없습니다.

송 양 결국 문제는 성경의 말씀을 어떻게 해석하고 그것을 받아들이느냐가 되겠지요. 개신교는 성경을 자유롭게 해석하고 있는데 천주교는 어떤가요?

성경 해석 문제

박 신부 사실 성경 문제를 맨 먼저 이야기해야 했는데 순서가 뒤바뀐 감이 있군요. 송 양, 개신교의 성경은 모두 몇 권이죠?

송 양 신·구약 다 합해서 66권입니다.

박 신부 그런데 가톨릭은 성경 73권을 가지고 있습니다.

송 양 아니, 어떻게 된 거죠?

박 신부 개신교의 성경 66권은 어디서 가지고 온 것입니까?

송 양 그거야 따지고 올라가면 가톨릭에서 가지고 온 것이겠죠.

박 신부 맞습니다. 그리스도 교회의 첫 주인으로서 성경을 간직해 온 가톨릭은 73권이고 여기서 떨어져 나간 개신교는 66권이니 여기에 어떤 문제점이 있다고 보아야 하지 않겠습니까? 저는 아무리 생각해도 모르겠습니다. 마르틴 루터가 어찌하여 73권의 성경 중 일곱 권은 버려두고 66권만 가지고

송 양 나갔는지 말입니다.

송 양 그건 정말 처음 듣는 이야기입니다. 성경은 가톨릭이나 개신교가 다 같은 줄로만 알고 있었는데……?

박 신부 송 양, 개신교에서 혹시 '베드로 복음서'니 '야고보 복음서'니 하는 성경을 본 적 있습니까?

송 양 아니, 그게 무슨 말씀입니까?

박 신부 옛날에는 이런 가짜 성경도 많았습니다. 그리고 신약 성경을 보더라도 예수님이 직접 성경을 쓰신 적도 없고 처음부터 성경 목록이 만들어져서 하늘에서 떨어진 것도 아닙니다. 그래서 성경 목록을 만드는 데에 교회의 역할은 매우 컸습니다. 우선 성경 목록이 어떻게 만들어졌는지 살펴보겠습니다.

구약에서 내려오는 책들, 그리고 신약 시대에 쓰인 책들 중에서 어느 것이 진정 하느님의 계시가 담긴 성경인지를 판명하여 성경 목록을 만드는 데 있어서 두 가지 중요한 단계가 있었습니다.

첫째는, 처음부터 성경이라고 인정되어 온 책들을 모은 것이 제1경전이고, 둘째로, 제1경전 목록이 정해지고 나서 오랜 시간에 걸쳐 의심스러웠던 책들을 신중히 선별한 것이 제2경전입니다. 이렇게 두 차례에 걸쳐 성경 73권의 목록이 완성된 것입니다.

	신앙의 유일한 규범은 성경뿐이라고 주장하는 개신교에서 어찌하여 부분적인 성경만으로 만족하는지 모르겠습니다.
송 양	가톨릭 교회가 오늘날 우리가 읽을 수 있는 성경의 목록을 정확하게 만들고 그것을 보존해 온 것은 훌륭한 일이라고 생각합니다. 하지만 가톨릭에서는 성경보다도 교권이 앞서고 교회 의식과 전통을 더 중요하게 생각하는 게 아닌가 싶습니다.
박 신부	그 말씀도 지나친 편견일 뿐입니다. 개신교에서는 성경만 있으면 모든 것이 해결된다고 생각합니다. 송 양, 여기 그 옛날 공자의 어려운 문장이 하나 있다고 생각해 봅시다. 아니면 영국의 문호 셰익스피어의 어려운 영어 문장이 하나 있다고 생각해 봅시다. 이 문장이 있다는 것, 그것보다도 더 중요한 것은 이를 정확하게 설명할 수 있는 권위자가 있어야 한다는 것입니다. 개신교에서는 성경만이 유일한 신앙의 규범이라고 주장하고 그것을 자유롭게 해석합니다. 어려운 문장을 앞에 놓고 각자 마음대로 해석한다면 제각기 자기 나름대로 해석은 하겠지요. 하지만 그것이 얼마만큼 그 문장이 뜻하는 진리에 가까울 수 있느냐 하는 것은 다른 문제입니다. 개신교가 성경을 자유롭게 해석한 결과가 무엇입니까? 정확한 신앙의 기준이 없으니 결국 분열만을 낳지 않았습니까? 성경이

중요하지만 그것을 올바로 가르치는 교회의 권위가 없다면 그것은 신앙의 진리가 될 수 없습니다.

그리고 가톨릭의 종교 의식은 교회에서 임의로 만들어낸 것이 아닙니다. 모든 것이 성경과 성전(聖傳)에 바탕을 둔 것입니다.

송 양 성전은 가톨릭의 전통을 말하는 건가요?

박 신부 그것은 차차 말씀드리겠습니다. 우선은 성경을 해석하기 위해서는 권위 있는 교회의 가르침이 있어야 한다는 점을 말씀드리고 싶습니다. 성경 자유 해석을 주장하고 성경만이 구원의 유일한 원천이라고 한다면 개신교에서는 왜 주일마다 목사님이 설교를 합니까? 왜 주일 학교에서 교리를 가르칩니까? 왜 신자들은 목사님의 가르침을 받아들입니까? 성경 자유 해석을 통해 얼마나 많은 교회 분열이 일어났는지 보십시오. 그 종파가 모두 하느님의 진리를 대변한다고 말할 수 있겠습니까?

"무엇보다 먼저 이것을 알아야 합니다. 성경의 어떠한 예언도 임의로 해석해서는 안 됩니다."(2베드 1,20)

"필리포스가 달려가 그 사람이 이사야 예언서를 읽는 것을 듣고서, '지금 읽으시는 것을 알아듣습니까?' 하고 물었다. 그러자 그는 '누가 나를 이끌어 주지 않으면 내가 어떻게 알아들을 수 있겠습니까?' 하고서……."(사도 8,30-31)

성경을 자유롭게 해석할 수 없다는 것은 곧 성경에 나오는 말씀이기도 합니다. 그러니 처음으로 교회를 찾는 사람들에게 성경책만 내민다면 그들이 그것을 어떻게 소화하겠습니까? 성경이 쓰인 것이 벌써 수천 년 전이고, 성경의 저자들은 사고방식이나 문화권이 우리와 전혀 다른 곳에서, 그리고 현대어가 아닌 고대어로 썼습니다. 그것을, 그것도 우리말로 번역된 그 성경을 오늘날 우리가 아무런 사전 지식 없이 어떻게 받아들일 수 있겠습니까?

그리고 조금 전에 송 양이 질문한 가톨릭의 '성전'도 알아야 합니다.

송 양은 어떻게 생각합니까? 예수님의 말씀이 전부 다 성경에 기록되어 있다고 생각합니까?

송 양 글쎄요?

박 신부 그리스도를 믿는 사람으로서 분명히 알아 두어야 합니다. 예수님의 말씀이 전부 성경에 기록된 것은 아닙니다. 앞서 말씀드렸지만 예수님은 성경의 기록을 통해서 가르칠 마음이 추호도 없으셨습니다. 그분은 말씀으로 가르치셨습니다. 누군가 예수님의 설교를 오늘날 신문 기자들처럼 따라다니면서 속기를 한 것도 아닙니다. 그러니까 성경에 기록된 예수님의 말씀은 극히 일부분에 지나지 않습니다. 4복음서의 마지막 성경인 요한 복음서에서 요한 복음사가가 마지막에 뭐라고 썼습니까? 요한 복음서 제일 끝부분을 보겠습니다.

"예수님께서는 하신 일은 이 밖에도 많이 있다. 그래서 그것들을 낱낱이 기록하면, 온 세상이라도 그렇게 기록된 책들을 다 담아내지 못하리라고 나는 생각한다."(요한 21,25)

이 얼마나 명백합니까? 예수님의 말씀 가운데 기록되지 않은 것도 너무나 많다는 사실을 인정하지 않을 수 없습니다. 이 기록되지 않고 전해 오는 예수님의 말씀을 '성전'이라고 합니다.

기록되지 않고 말씀으로만 전해진 구원의 말씀도 얼마든지 있습니다.

"그리스도 예수님 안에서 주어지는 믿음과 사랑으로, 나에게서 들은 건전한 말씀을 본보기로 삼으십시오."(2티모 1,13)

"나에게서 들은 건전한 말씀"이라는 표현을 보더라도 글보다 말의 중요성이 더 강조되고 있음을 알 수 있습니다.

그리고 실제로 쓰인 성경 중에는 오늘날 전해지지 않는 것도 있습니다.

"여러분이 이 편지를 읽고 난 뒤에 라오디케이아 교회에서도 읽게 해 주십시오. 그리고 라오디케이아에서 가는 편지를 여러분도 읽으십시오."(콜로 4,16)

여기서 보면 라오디케이아 서간도 있었음이 드러나지만 오늘날 우리에게는 이 서간이 없지 않습니까? 이것은 분실되어 없어졌습니다. 그뿐만이 아닙니다.

"나는 전에 써 보낸 편지에서 불륜을 저지르는 자들과 상종하지 말라고 하였습니다."(1코린 5,9)

여기서 우리는 코린토 서간이 하나 더 있었음을 알 수 있지만, 아직은 그 존재가 밝혀지지 않고 있습니다.

송 양 저는 그렇게까지 자세하게 성경 공부를 하지 않아서 잘 모르겠습니다. 그런데 성경 이외에 또 내려오는 구원의 진리를 성전이라고 하셨는데 구체적으로 성전에서 가르치는 교리를 하나 말씀해 주시면 좋겠어요.

박 신부 예, 먼저 하나 물어보겠습니다. 개신교에서 일요일을 주일로 지내고 있지요? 성경 어디에서 그 근거를 찾아볼 수 있습니까? 성경에서는 분명히 안식일을 주장했고, 안식일은 토요일입니다.

어찌하여 성경에도 전혀 없는 일요일을 주일로 지내고 있습니까?

송 양 ?!

박 신부 성경에는 그런 말이 전혀 없습니다. 예수님이 부활하신 일요일을 주일로 지내는 것은 사도들이 정한 것입니다. 이런 전통은 가톨릭에서가 아니면 어느 종파에서도 말할 수 없습니다.

이 밖에도 연옥설이라든지 성령께 대한 기도라든지 유아 세례의 전통 등 한마디로 성경에 불투명하게 되어 있는 것을 명확하게 설명해 주는 것이 곧 성전입니다.

개신교에서는 성전을 완전히 부정합니다. 왜냐하면 모든 성전의 요람이 가톨릭 교회이기 때문입니다.

예를 들면 신약 성경 중에서 제일 먼저 쓰인 것이 바오로 서간이라고 하는데 이 서간은 예수님이 이 세상을 떠나신 다음 적어도 10여 년 후에야 기록되었다는 사실을 잊지 말아야 합니다. 그 전에는 글로 기록된 신약 성경이 없었고 오로지 성전뿐이었습니다. 다시 말씀드리면 입으로만 전해 오던 예수님의 가르침을 후에 기록한 것이 성경이 되었습니다. 그러므로 성경의 기원은 성전입니다. 성전을 부정하면 당연히 성경도 부정하게 되는 것입니다.

송 양 그런데 가톨릭 교회에는 성경대로 하지 않는 것이 많다고 하던데요?

박 신부 예컨대 어떤 것입니까?

송 양 글쎄요? 구체적으로는…… 예를 들면 교회 의식이라든지?

박 신부 지금까지 말씀드린 바와 같이 성경 이외의 것도 가톨릭에는 많이 있습니다. 그것은 결국 성전에 의한 것입니다. 문제는 성경에 위배되는 것이 있느냐 하는 것이지요.

송 양 예컨대 가톨릭의 독신 제도도 그렇지 않습니까?

박 신부 좋습니다. 가톨릭의 독신 제도에 대해서는 조금 후에 말씀드리기로 하지요. 그런데 개신교에도 성경대로 하지 않는 것이 있습니다.

송 양 뭔데요? 구체적으로.

박 신부 코린토 신자들에게 보낸 서간에 이런 말이 있습니다.

"어떠한 여자든지 머리를 가리지 않고 기도하거나 예언하면 자기의 머리를 부끄럽게 하는 것입니다. 그러한 여자는 머리가 깎인 여자와 똑같습니다. 여자가 머리를 가리지 않으려면 아예 머리를 밀어 버리십시오. 머리를 밀거나 깎는 것이 여자에게 부끄러운 일이라면 머리를 가리십시오."(1코린 11,5-6)

그래서 가톨릭 교회에서는 성당 안에서의 공식 기도 때는 여자들은 꼭 미사보를 쓰지요. 저는 개신교에서 이런 것을 보지 못했습니다.

송 양 ???

박 신부 저번에도 말씀드린 바 있습니다만 다시 말씀드립니다. 야고보 서간에 이렇게 쓰여 있습니다.

"여러분 가운데에 앓는 사람이 있습니까? 그런 사람은 교회의 원로들을 부르십시오. 원로들은 그를 위하여 기도하고, 주님의 이름으로 그에게 기름을 바르십시오."(야고 5,14)

여기서 앓는 사람에게 바르는 기름이 개신교에 있습니까?

성경은 하느님이 인간에게 가르쳐 주신 계시의 원천입니다. 성경 말씀을 제대로 이해하는 것은 우리 구원과 직결하는 문제이기 때문에 매우 중요합니다. 배를 타고 바다를 건너는 사람들이 배의 방향을 놓고 논쟁을 벌인다면 배 안의 승객들이 얼마나 불안하겠습니까? 영원한 생명을 향한 인간 삶의 가장 기본적인 가르침인 성경을 두고 해석이 제멋대로 구구하다면 어디에 그 근거를 두고 확신할 수 있겠습니까? 이 교회에서 이렇게 저 교회에서 또 저렇게 말을 한다면 우리의 구원은 진정 불안할 수밖에 없습니다.

분명히 알아야 할 것은 신약 성경이 생기기 이전에 벌써 교회가 존재했다는 사실입니다. 송 양은 어떻게 생각해요? 교회가 먼저입니까, 성경이 먼저입니까?

송 양 모든 것이 성경 중심이니 성경이 앞서는 것 아니겠습니까?

박 신부 그건 큰 착각입니다. 교회가 먼저냐, 성경이 먼저냐에 대한 문제는, 우선 교회라는 개념부터 명확히 해야겠지만, 결론부터 말씀드리면 성경보다 교회가 먼저입니다. 구약 시대로 올라가면 여러 가지 복잡한 문제가 생기겠지만 신약의 역사를 본다면 분명히 교회가 먼저입니다. 가톨릭은 그리스도가 세운 교회의 창립일을 성령 강림일로 봅니다. 제자들과 성모 마리아는 예수님 승천 후 성령을 받기 위해서 기도하고 있었습니다. 드디어 10일 후에 성령이 강림하셔서 제자들에게 복음을 전할 수 있는 힘을 주시면서 교회는 시작되었습니다. 그때는 신약 성경이 한 권도 없었습니다. 지난번에 말씀드렸듯이 교회가 그리스도의 가르침을 입에서 입으로 전하다가 기록된 것이 신약 성경이었습니다.

그래서 교회의 권위에 의해서 구약 성경과 신약 성경 목록이 만들어진 것입니다. 그러니까 교회가 없었더라면 성경도 보존될 수 없었습니다. 성경과 그리스도의 가르침을 권위 있게 가르쳐 온 교회가 어느 교회라고 생각합니까?

송 양 그거야 역사적으로 보면 가톨릭 교회겠지요.

박 신부 송 양, 진정한 구원의 진리를 찾기 원한다면 어느 교회를 찾아야 하겠습니까? 루터가 만든 교회입니까, 예수 그리스도가 세운 교회입니까?

성경이 그렇게 중요하다고 하지만 성경의 관리자, 성경 목록 제정자, 그것을 보존한 교회가 없었다면 성경은 존재할 수 없었습니다. 조물주가 계셨기에 이 우주가 존재하듯이 성경 관리자가 있었기에 우리 구원의 진리가 존재할 수 있었습니다. 구원의 길을 열어 주는 뿌리는 곧 권위 있는 교회입니다.

가톨릭의 독신 제도

송 양 그런데 가톨릭에서 주장하는 독신 제도는 성경 정신에 어긋나는 것 같습니다. 성경 말씀을 보세요.

"자식을 많이 낳고 번성하여 땅을 가득 채우고 지배하여라."(창세 1,28)

이 구절을 어떻게 해석해야 할까요?

박 신부 예, 이것은 하느님께서 인류의 번성을 약속하시면서 인류의 조상이었던 아담에게 하신 말씀입니다.

우선 말씀드리고 싶은 것은 가톨릭에서 독신 제도를 인정한다고 해서 결코 결혼을 경멸한다든지 등한시하는 것은 아니라는 점입니다. 오히려 다른 교회에는 없는 혼인성사를 통해서 결혼의 신성성을 더욱 강조합니다.

송 양, 성당에서 하는 혼인성사를 본 적이 있습니까?

송 양 없습니다.

박 신부 비신자들도 가톨릭 교회에서 하는 혼인성사를 보고는 모두 결혼의 신성성을 얘기합니다.

그런데 송 양이 성경 구절을 인용하셨는데, 신약 성경에는 독신 생활의 중요성을 강조하면서 독신 생활을 권고하는 말씀이 많이 나옵니다.

당시 바리사이들이 이혼 문제를 들고 나와서 예수님의 의중을 들으려고 했던 장면에서 독신의 의미를 설파하신 예수님의 말씀을 보겠습니다.

"'모세는 너희의 마음이 완고하기 때문에 너희가 아내를 버리는 것을 허락하였다. 그러나 처음부터 그렇게 된 것은 아니다. 내가 너희에게 말한다. 불륜을 저지른 경우 외에 아내를 버리고 다른 여자와 혼인하는 자는 간음하는 것이다.' 그러자 제자들이 예수님께, '아내에 대한 남편의 처지가 그러하다면 혼인하지 않는 것이 좋겠습니다.' 하고 말하였다. 예수님께서 그들에게 이르셨다. '모든 사람이 이 말을 받아들일 수 있는 것은 아니다. 허락된 이들만 받아들일 수 있다. 사실 모태에서부터 고자로 태어난 이들도 있고, 사람들 손에 고자가 된 이들도 있으며, 하늘나라 때문에 스스로 고자가 된 이들도 있다. 받아들일 수 있는 사람은 받아들여라.'"(마태 19,8-12)

이 말씀에서 결혼하지 않는 사람은,

첫째, '결혼하지 못할 몸으로 태어난 사람', 이 말씀은 태어날 때부터 성불구자로 태어난 사람을 뜻합니다.

둘째, '사람의 손으로 그렇게 된 사람'은 성불구자는 아니지만 사회적인 여건 또는 개인적인 사정으로 결혼할 수 없는 사람을 뜻합니다.

셋째, '하늘나라를 위하여 스스로 결혼하지 않는 사람'은 모든 결혼의 조건이 갖추어져 있지만 하늘나라를 위해서 결혼을 포기하는 사람들도 있을 수 있다는 말씀입니다. 그런데 그리스도께서는 "받아들일 수 있는 사람은 받아들여라." 하심으로써 그것이 모든 사람이 다 할 수 있는 것이 아닌, 하늘나라를 위해서 아름다운 순결을 바칠 뜻이 있는 사람만이 할 수 있는 선택임을 알려 주신 것입니다. 그러므로 독신 생활은 어디까지나 자유로운 선택의 문제입니다.

송 양 그런데 천주교 신부님들은 모두 독신 생활을 하잖아요?

박 신부 그렇습니다. 가톨릭의 독신 생활은 복음의 권고를 따라 교회에서 법으로 결정한 것입니다. 따라서 가톨릭 신부들의 독신 생활과 관련된 교회법은 오늘이라도 얼마든지 변경될 수 있습니다.

송 양 그렇다면 예컨대 로마의 교황님이 신부님들의 독신 제도를 폐지할 수도 있다는 말씀이지요?

박 신부 그렇습니다. 그러나 현 교회법에서는 스스로 독신을 원하는 사람만이 성품성사를 받게 되어 있습니다. 그러나 시대가 지나서 신부들의 독신 제도가 없어진다고 하더라도 우리 교회 안에서의 독신 생활 그 자체는 없어지지 않을 것입니다. 왜냐하면 성경에서 독신 생활의 고귀성을 말하고 있기 때문입니다.

역사적인 관점에서 말씀드린다면 초대 교회에서는 가톨릭의 성직자들도 결혼을 했습니다. 그런데 평신도 중 몇몇은 성경에서 말씀하신 독신의 고귀성을 깨달아 스스로 모든 것을 버리고 산이나 사막으로 들어가서 독신 생활을 통하여 하느님께 자신을 온전히 바치며 살았습니다. 이런 사람들을 '은수자'라고 했는데 이들이 모여서 결국 가톨릭의 수도회가 시작된 것입니다.

예수님 자신도 독신이셨고 요한 세례자도 독신이었으며 열두 제자 중에서 특별히 사랑하셨던 요한 사도 역시 독신이었습니다. 요한 묵시록에 나오는 독신자의 특은을 보겠습니다.

"그 노래는 땅으로부터 속량된 십사만 사천 명 말고는 아무도 배울 수 없었습니다. 그들은 동정을 지킨 사람들로서 여자와 더불어 몸을 더럽힌 일이 없습니다. 또한 그들은 어린양이 가는 곳이면 어디든지 따라가는 이들입니다."(묵시 14,3-4)

독신자들에게 특별한 사랑을 표시하는 하느님의 뜻이 아니겠습니까? 베드로 사도도 이렇게 고백했습니다.

"보시다시피 저희는 모든 것을 버리고 스승님을 따랐습니다."(마태 19,27)

이 고백을 보아서 그는 처음에 결혼한 사람이었으나, 그리스도의 제자가 된 다음부터는 하늘나라를 위해 부인과 별거했으리라는 것이 학자들의 공통된 의견입니다. 그가 아내와 자녀들과 함께 가정의 안락을 누리면서 "모든 것을 버리고 스승님을 따랐습니다."라고 말했을 리는 없다는 것이지요.

독신 생활은 인간의 자연적인 욕망을 부정하는 것이 아닙니다. 더 큰 것을 위해 그것들을 버린 것입니다. 어디까지나 자유로운 선택입니다.

독신이었던 바오로 사도는 이렇게 말했습니다.

"혼자 사는 이들과 과부들에게 말합니다. 그들은 나처럼 그냥 지내는 것이 좋습니다. 그러나 자제할 수 없으면 혼인하십시오."(1코린 7,8-9)

그리고 바오로는 독신 생활의 근본 이유를 이렇게 말했습니다.

"혼인하지 않은 남자는 어떻게 하면 주님을 기쁘게 해 드릴 수 있을까 하고 주님의 일을 걱정합니다. 그러나 혼인한 남자는 어떻게 하면 아내를 기쁘게 할 수 있을까 하고 세상일을 걱정합니다. 그래서 그는 마음이 갈라집니다. 남편이 없는 여자와 처녀는 몸으로나 영으로나 거룩해지려고 주님의 일을 걱정합니다. 그러나 혼인한 여자는 어떻게 하면 남편을 기쁘게 할 수 있을까 하고 세상일을 걱정합니다. 나는 여러분 자신의 이익을 위하여 이 말을 합니다."(1코린 7,32-35) 진정 하느님만을 위해 모든 생을 바치겠다는 성직자라면 예수님의 복음 정신에 철두철미해야 하지 않겠습니까?

여기에 두 성직자가 있다고 합시다. 한 사람은 부인과 다섯 아들을 가진 성직자요, 또 다른 성직자는 오로지 하느님 사업만을 위해 사는 독신자입니다. 주일 헌금을 앞에 놓고 처자가 있는 성직자는 그 돈으로 아들 미국 유학시킬 생각을 먼저 할 것이고 당연히 더 넓은 평수의 아파트를 사고 싶어 하지 않겠습니까? 그러나 처자가 없는 독신 성직자는 그 돈으로 교회 신축, 선교를 위한 자금, 불우 이웃을 돕는 방법을 생각하지 않겠습니까?

또 처자가 있는 서울의 큰 교회 목사님에게 외딴 섬이나 오지에 있는 교회로 가라고 한다면 어떤 반응을 보이겠습니까? 자기만 서울 중심가 대형 교회의 목사님이 되어야 한다는 이유가 어디에 있습니까? 그러나 가톨릭의 성직자는 예컨대 서울 명동성당 주임 신부로 있다가 산골의 작은 성당으로 가라고 하면 아무 망설임 없이 주님의 뜻을 따라 떠납니다.

그렇다면 과연 누가 주님의 진정한 복음의 사도라고 할 수 있겠습니까? 신자들보다 십일조에 눈이 어두운 목회자가 있다면 그 교회가 어떻게 되겠습니까?

이처럼 예수님이 말씀하신 독신에는 여러 가지 뜻이 있습니다. 그리고 가톨릭의 성직자는 성품성사를 받은 사제들입니다. 개신교에는 '사제'라는 개념이 없기 때문에 신부들을 목사님들처럼 생각하려고 합니다. 구약 성경에 비친 사제들의 모습을 잠깐 보겠습니다.

"'보통 빵은 내 수중에 없고, 있는 것이라고는 거룩한 빵뿐입니다. 부하들이 여자를 가까이하지 않았다면 드릴 수 있습니다.' 다윗이 사제에게 응답하였다. '내가 출정할 때 늘 그렇게 하듯이 우리는 여자를 멀리하였습니다. 그러니 부하들의 몸도 깨끗합니다. 이번 경우가 보통 여행길이기는 하지만, 오늘은 그들 몸이 깨끗합니다.' 그제야 사제는 거룩한 빵을 다윗에게 주었다."(1사무 21,5-7)

이와 같이 거룩한 빵을 얻어먹기 위해서도 몸이 깨끗해야 했다면 더구나 제단에서 거룩한 제사를 집전하는 성직자의 독신은 당연한 결론일 것입니다.

송 양 신부님 말씀이 다 일리가 있긴 한데요, 실제로 보면 가끔 여자관계로 사제직을 그만두는 사람들도 있다는데 결과적으로 독신 제도로 인해 생기는 문제들은 어떻게 생각하십니까?

박 신부 사실, 가톨릭 신부로 살다가 독신 생활에 자신을 잃고 환속하는 사제들도 있습니다. 16세기 마르틴 루터가 공식적인 그 첫 번째 사례라고 말할 수 있겠지요.

송 양 신부님이 환속하게 되면 어떻게 됩니까?

박 신부 현 교회법상으로는 공식적인 성직 생활을 할 수 없습니다. 교황청의 허락을 받으면 결혼도 할 수 있지만 그렇게 되면 그는 평신도로 돌아가게 됩니다.

송 양 독신 제도 얘기가 나온 김에 가톨릭의 수도 생활에 대해서도 말씀해 주시면 좋겠습니다.

박 신부 조금 전에 말씀드린 대로 초대 교회에서 가톨릭 신자들이 더욱 완전한 신앙인이 되기 위해서, 더욱더 복음대로 살기 위해서, 예컨대 마태오 복음서 19장 16절에 나오는 말씀을 따라 살아보겠다고 결심한 데서 수도 생활이 시작되었습니다.

"어떤 사람이 예수님께 다가와 '스승님 제가 영원한 생명을 얻으려면 무슨 선한 일을 해야 합니까?' 하고 물었다. …… '네가 생명에 들어가려면 계명들을 지켜라.' …… 그 젊은이가 '그런 것들은 제가 지켜 왔습니다. 아직도 무엇이 부족합니까?' 하고 다시 묻자, 예수님께서 그에게 이르셨다. '네가 완전한 사람이 되려거든, 가서 너의 재산을 팔아 가난한 이들에게 주어라. 그러면 네가 하늘에서 보물을 차지하게 될 것이다. 그리고 와서 나를 따라라.'"(마태 19,16-21)

이런 말씀을 통하여 이 세상의 모든 것을 버리고 더욱 완전한 이가 되기 위해서 모여 사는 사람들이 곧 수도자라고 할 수 있습니다. 흔히 밖에서는 수도 생활의 참된 가치를 모르기 때문에 수도자들을 가리켜 '현실 도피주의자들' 또는 '염세주의자들' 또는 '사랑에 실패한 낙오자들'이라고 말합니다.

수도자들은 한결같이 말합니다.

"저는 저의 가슴에 타고 있는 값진 사랑을 잠시 지나가는 인간이 아닌 영원한 그분께 바치고 싶습니다."

그러므로 가톨릭에서는 수도자들을 가리켜 생활을 통해서 이 세상의 어떤 것보다 더 가치 있는 영원한 하늘나라의 보물이 있다는 믿음을 증명하는 이들이라 해서 그들을 '복음의 증인들'이라고 표현합니다.

송 양 그런데 메리놀회니, 바오로회니, 살레시오회니 하는 걸 보면 많은 파가 있는 것 같던데…….

박 신부 역시 가톨릭을 모르기 때문에 하는 얘기지요. 메리놀회니 가르멜회니 하는 것은 수도회 이름입니다. 가톨릭에는 여러 수도회가 있습니다. 사회봉사의 성격에 따라, 또는 선교 방법에 따라 그리고 수도원 창설자의 정신에 따라 다양한 수도회가 있습니다.

송 양 그 많은 수도회를 다 알 수는 없겠지만 근본적인 수도 정신이 무엇인지 알고 싶습니다.

박 신부 예. 방금 말씀드린 대로 수도회에 따라 교육 사업, 사회 복지 사업, 또는 매스컴을 통한 선교 사업 등 그 봉사 방법만 다를 뿐, 수도회의 기본 정신은 다음 세 가지로 모두 공통됩니다. 즉, 청빈, 정결, 순명입니다.

청빈은 예수님처럼 가난하게 어떠한 소유 없이 사는 생활, 즉 물질 속에 살지만 물질을 초월하는 생활입니다.

그리고 둘째로, 정결은 지금까지 말씀드렸듯이 독신 생활을 통해 전인격을 하느님께 봉헌하는 생활입니다.

세 번째는, 순명, 즉 하느님의 복음 정신에 순종하면서 교회의 가르침에 순종하고 동시에 수도원 장상들에게 순종하는 정신입니다. 예수님이 성부의 뜻에 순종하여 십자가를 지신 것처럼 하느님의 어떠한 말씀에도 전적으로 자신을 헌신하는 순종의 생활입니다.

참고로 프랑스에 '떼제'라는 곳이 있는데, 전 세계 젊은이들의 교회 일치의 광장이라고 할 수 있을 만큼 많은 젊은이들이 모이는 곳입니다. 그곳에도 많은 그리스도교 종파들이 모여 있는데 개신교 청년들이 그곳에서 독신 생활을 하면서 수도하는 것을 본 적이 있습니다.

미사성제와 성체성사

송 양 독신 제도를 말씀하실 때 신부를 사제라고 하셨고, 또 성품성사를 말씀하실 때에도 소위 '신권(神權)'이란 표현을 쓰셨는데 신부를 사제라고 하는 이유가 무엇입니까?

박 신부 송 양, 혹시 가톨릭에서 바치는 '미사'를 보신 적 있습니까?

송 양 오래전에 친구와 함께 성당에 한 번 가 본 적은 있습니다.

박 신부 가톨릭 종교 의식의 핵심이 곧 '미사'입니다.

미사는 한마디로 종교적인 제사입니다. 어느 종교를 막론하고 절대자에 대한 경신 행위가 있으며 그것은 고기나 기타 곡물로써 제사를 바치는 종교 의식으로 나타납니다. 구약 시대에도 여러 형태의 제사 의식이 있었습니다.

"해 뜨는 곳에서 해지는 곳까지, 내 이름은 민족들 가운데에서 드높다. 내 이름이 민족들 가운데에서 드높기에, 곳곳

에서 내 이름에 향과 정결한 제물이 바쳐진다."(말라 1,11)

창세기 4장에서 카인과 아벨이 하느님께 제사를 바친 사실도 우리는 잘 알고 있지 않습니까?

미사는 예수 그리스도께서 십자가에서 희생되신 유일무이한 완전한 제사를 기념하는 종교 의식입니다. 이 세상에서 단 한 번밖에 없었던 가장 완전한 제사, 이것으로 인해서 인류가 하느님과 궁극적으로 화해하면서 새로운 구원의 길이 열린 십자가상의 제사, 이것을 재현하는 것이 미사이며, 십자가상에서 이루어진 구원의 은혜가 이 미사성제를 통해서 주어집니다. 보통 제사를 주관하는 사람을 가리켜 '제관'이라고 하지 않습니까? 그래서 가톨릭의 신부들은 단순한 설교자만이 아니라 제단에서 제사를 봉헌하는 사제들입니다.

이 미사성제와 연결된 성체성사는 가톨릭 교회에서 매우 중요한 것 중 하나입니다. 최후 만찬 때에 예수 그리스도께서 빵과 포도주를 들고 "내 살이요, 내 피니라." 하신 말씀을 통해서 제정된, 빵과 포도주가 성변화(聖變化)되는 성체성사의 신비는 역시 가톨릭에만 있습니다.

"그리스도께서는 이미 이루어진 좋은 것들을 주관하시는 대사제로 오셨습니다. …… 염소와 송아지의 피가 아니라 당신의 피를 가지고 단 한 번 성소로 들어가시어 영원한 해

방을 얻으셨습니다."(히브 9,11-12)

"그리스도께서는 죄를 없애시려고 한 번 제물을 바치시고 나서, 영구히 하느님의 오른쪽에 앉으셨습니다. 이제 그분께서는 당신의 원수들이 당신의 발판이 될 때까지 기다리고 계십니다. 한 번의 예물로, 거룩해지는 이들을 영구히 온전하게 해 주신 것입니다."(히브 10,12-14)

예수님의 희생 제사가 인류 구원의 필수 조건이었다면 오늘날 예수님의 그 희생의 은혜를 받는 길이 있어야 하는데 이 것이 곧 미사성제입니다. 십자가상의 제사가 최후 만찬을 통해 미사의 형식으로 변한 것입니다.

"예수님께서는 또 빵을 들고 감사를 드리신 다음, 그것을 떼어 사도들에게 주시며 말씀하셨다. '이는 너희를 위하여 내어 주는 내 몸이다. 너희는 나를 기억하여 이를 행하여라.' 또 만찬을 드신 뒤에 같은 방식으로 잔을 들어 말씀하셨다. '이 잔은 너희를 위하여 흘리는 내 피로 맺는 새 계약이다.'"(루카 22,19-20)

"나를 기억하여 이를 행하여라." 하신 예수님의 말씀에 따라 그분의 제자들이 이 성찬식을 지내 왔으며, 오늘까지 교회는 그리스도의 수난과 구원의 신비를 이 미사 예식을 통해 기념하면서 구원의 은혜를 받습니다.

송 양 성경을 보면 '이를 행하라'고 했지 그것이 우리 구원과 직접

적으로 연결되는 것은 아니지 않습니까? 우리 개신교에서도 성찬식을 하고 있습니다.

박 신부 좋은 질문입니다. 하지만 개신교의 성찬식은 예수님의 말씀에 따라 이행되는 상징적인 뜻밖에는 없습니다. 그런데 가톨릭의 미사성제는 그 빵과 포도주가 곧 예수님의 진실한 몸이요, 피가 된다는 성체의 실재를 담는 신비의 제사입니다. 다시 말씀드려서 빵과 포도주가 사제인 신부의 축성 기도를 통해서 예수님의 참된 몸과 피로 변한다는 성변화의 교의입니다.

송 양 성경에 정확한 근거가 있습니까?

박 신부 예. 4복음서에 예수님의 성체 교리만큼 자세하게, 그리고 여러 번 되풀이된 내용은 없습니다. 실제로 빵과 포도주가 예수님의 몸과 피가 되며, 이것을 먹지 않고는 구원이 없다는 이 교리는 사실 인간적으로 이해하기 쉽지 않은 것이 사실입니다. 그러나 분명히 알아야 할 것은 이것이 예수님의 말씀이기 때문에 우리는 믿을 뿐이라는 것입니다. 요한 복음서 6장을 잘 읽어 보십시오.

요한 복음서 6장에는 처음에 빵의 기적이 나옵니다. 그것은 영원한 생명의 빵을 일러 주기 위한 서론으로서 의미가 있습니다. 예수님은 육체적인 생명을 위한 빵을 주신 다음 영원한 생명을 약속하는 빵을 말씀하십니다.

"내가 진실로 진실로 너희에게 말한다. 믿는 사람은 영원한 생명을 얻는다. 나는 생명의 빵이다. 너희 조상들은 광야에서 만나를 먹고도 죽었다. 그러나 이 빵은 하늘에서 내려오는 것으로, 이 빵을 먹는 사람은 죽지 않는다. 나는 하늘에서 내려온 살아 있는 빵이다. 누구든지 이 빵을 먹으면 영원히 살 것이다. 내가 줄 빵은 세상에 생명을 주는 나의 살이다."(요한 6,47-51)

이 중요한 예수님의 말씀을 개신교에서는 그냥 무시해 버립니다.

"믿고 세례를 받는 이는 구원을 받고 믿지 않는 자는 단죄를 받을 것이다."(마르 16,16)라고 하신 말씀을 우리 그리스도교 신자들은 가장 중요하게 받아들입니다. "믿고 세례를 받는 이", 여기서 믿음의 내용 중 하나는 하늘에서 내려온 빵을 믿고 먹는 사람들이 구원을 받는다고 예수님이 분명히 말씀하고 계시다는 사실입니다. "누구든지 이 빵을 먹으면 영원히 살 것이다."라고 하셨는데 개신교에서는 이 빵이 예수님의 참된 몸이라는 것을 믿지 않습니다. 사실 예수님의 말씀이 아니라면 누가 믿겠습니까? "내 살은 참된 양식이고 내 피는 참된 음료다."(요한 6,55), "내 살을 먹고 내 피를 마시는 사람은 내 안에 머무르고 나도 그 사람 안에 머무른다."(요한 6,56)라고 하셨을 때 사람들은 이 말씀을 알아듣지 못했습니다. 산 사람의 살을 어떻게 먹을 수 있느냐고 생각했기 때문입니다. 이 말씀이 어떤 상징적인 것이었다면 예수님이 친절하게 설명해 주셨을 것입니다. 그러나 예수님은 당신의 말씀을 말 그대로 알아들어야 한다고 강조하셨습니다. 요한 복음서 6장을 보십시오.

"'내가 너희에게 한 말은 영이며 생명이다. 그러나 너희 가운데에는 믿지 않는 자들이 있다.' …… 이 일이 일어난 뒤로, 제자들 가운데에서 많은 사람이 되돌아가고 더 이상 예수님과 함께 다니지 않았다. 그래서 예수님께서는 열두 제자에게, '너희도 떠나고 싶으냐?' 하고 물으셨다. 그러자 시몬 베드로가 예수님께 대답하였다. '주님, 저희가 누구에게 가겠습니까? 주님께는 영원한 생명의 말씀이 있습니다.'"(요한 6,63-68) 하고 말했습니다.

중요한 말씀이 아닐 수 없습니다. 우리 구원의 필수 조건으로 우선 세례의 중요성을 얘기하셨고 다음으로 당신 몸을 받아먹는 성체성사를 말씀하셨습니다.

"누구든지 이 빵을 먹으면 영원히 살 것이다. 내가 줄 빵은 세상에 생명을 주는 나의 살이다." 이 얼마나 명확한 말씀입니까? 우리 그리스도교 신자들이 성경을 읽고 그 안에서 영원한 구원의 진리를 찾는 사람들이라고 한다면 편견을 버리고 진실로 성경 말씀에 귀를 기울여 구원의 진리를 받아들여야 할 것입니다.

송 양 그런 의미가 있다는 사실은 미처 몰랐습니다. 그러니까 가톨릭의 신부님들은 그리스도로부터 받은 사제권에 의해서 성체성사를 거행한다는 뜻이군요.

박 신부 바로 그것입니다. 그래서 가톨릭의 성직자들은 그리스도로부터 내려오는 신권의 소유자이며 동시에 사제들입니다. 미사성제가 거행된 후 그 성체를 성당에 모셔 두기 때문에 가톨릭의 교회당은 예배당이 아니고 '성당'이라고 합니다. 예배만을 보는 교회당이 아니라는 뜻입니다. 예배도 드리는 장소이지만 동시에 제사를 집전하고 성체를 모시는 장소입니다.

송 양 신부님, 솔직히 지금까지 가톨릭에 대해 너무나 많은 편견을 갖고 있었던 것 같습니다. 그런데 가톨릭이 지나치게 의식 위주라는 비판에 대해서는 어떻게 생각하십니까?

가톨릭의 종교 의식

박 신부 흔히들 가톨릭을 가리켜 형식주의적인 종교라고 말합니다. 그러나 종교학적인 입장에서 말한다면, 무릇 참된 종교가 되기 위해서는 세 가지 요소가 있어야 합니다. 즉, 교의(敎義), 윤리, 그리고 종교 의식이 그것입니다. 그러므로 어떤 종교든지 종교 의식은 대단히 중요합니다.

종교에 있어서 의식의 필요성은 근본적으로 종교의 주체가 '인간'이란 점에서 비롯합니다. 왜냐하면 인간은 정신적인 요소와 물질적인 요소를 함께 갖고 있는 육체적인 존재이기 때문입니다. 다시 말해서 보이지 않는 정신 작용을 하면서 동시에 눈에 보이는 감각적인 행위를 하는 인간이란 뜻입니다. 감각적인 외적 행위를 종교에서는 '의식'이라 하고 일반 대중 사회에서는 '형식' 또는 '예식'이라고 하지 않습니까?

송 양 하지만 가톨릭은 지나칠 정도로 의식 위주의 종교라는 인
상을 받습니다.

박 신부 예, 바깥에서 볼 때는 그럴 수도 있을 것입니다. 우선 '형식'
또는 '예식'이 무엇인지에 대해 차근차근 살펴보겠습니다.
저는 '형식'이란 '눈에 보이지 않는 정신적인 내용을 담는 그
릇'이라고 말하고 싶습니다.

친한 친구를 오랜만에 만났을 때에 손을 잡고 악수를 합니
다. 결국 '악수'라는 형식인데 이것은 보이지 않는 우정의
표시가 아니겠습니까?

송 양 그야 물론이지요.

박 신부 그런데 그 우정의 정도에 따라 악수하는 모습도 달라집니
다. 별로 달갑지 않은 친구라면 그냥 힘없이 슬쩍 손만 잡
고 말 것입니다. 그러나 진정 우정이 넘치는 친구끼리라면
반가움을 표시하는 모습은 상당히 다를 것입니다. 우리가
사는 세상에는 여러 가지 형식 또는 의식이 많이 있는데 그
러한 형식이나 의식 안에 담긴 근본 내용을 제대로 이해하
는 것이 중요합니다. 가톨릭의 의식이 성대하고 엄숙하고
장엄한 것은 그것이 그만큼 더 큰 하느님 은총의 통로임
을 의미하며 동시에 경신 행위의 한 표현이 됩니다. 문제는
그 의식의 뜻은 모른 채 '형식주의'라고 손가락질하는 것입

니다.

명절이 되면 자식들이 부모님께 공경하고 사랑하는 뜻에서 큰절을 합니다. 그 형식은 자녀 된 자로서 부모님에 대한 존경의 표시가 아니겠습니까? 그래서 큰절을 하기에 앞서 좋은 옷차림을 하고 몸도 깨끗이 씻지 않습니까? 마찬가지로 하느님에 대한 인간의 경신 행위에도 최대의 화려함과 성대한 의식이 따르게 됩니다.

"그리하여 예수님의 이름 앞에 하늘과 땅 위와 땅 아래에 있는 자들이 다 무릎을 꿇고 예수 그리스도는 주님이시라고 모두 고백하며 하느님 아버지께 영광을 드리게 하셨습니다."(필리 2,10-11)

여기서 "무릎을 꿇고 예수 그리스도는 주님이시라고 모두 고백하며" 하느님을 찬미하는 것은 지극히 당연합니다. 예수님도 지상 생활에서 많은 형식을 통해서 우리에게 하느님의 은혜를 베푸셨습니다.

"예수님께서는 그를 군중에게서 따로 데리고 나가셔서, 당신 손가락을 그의 두 귀에 넣으셨다가 침을 발라 그의 혀에 손을 대셨다. 그러고 나서 하늘을 우러러 한숨을 내쉬신 다음, 그에게 '에파타!' 곧 '열려라!' 하고 말씀하셨다. 그러자 곧바로 그의 귀가 열리고 묶인 혀가 풀려서 말을 제대로 하게 되었다."(마르 7,33-35)

가톨릭의 종교 의식

여기서 손가락을 귓속에 넣고, 침을 바르시는 행동이 과연 하느님의 아드님이신 그리스도께 필요했을까요? 이러한 모습을 보이신 것은 인간에게 근원적으로 감각적인 요소가 있기 때문입니다. 그래서 종교 의식에서 일어서고 앉고 무릎을 꿇고 하는 형식이 나타나는 것입니다.

그리스도께서 하신 최후 만찬 의식도 마찬가지입니다.

"빵을 들고 감사를 드리신 다음, 그것을 떼어 사도들에게 주시며 말씀하셨다. '이는 너희를 위하여 내어 주는 내 몸이다. 너희는 나를 기억하여 이를 행하여라.'"(루카 22,19)

"빵을 들고", "감사를 드리신 다음" 그리고 "이를 행하여라." 하신 이 말씀을 보아 종교 의식은 어떻게 보면 예수님의 명령이라고도 볼 수 있습니다. 구약 성경에도 보면,

"주님의 궤를 멘 이들이 여섯 걸음을 옮기자, 다윗은 황소와 살진 송아지를 제물로 바쳤다. 다윗은 아마포 에폿을 입고, 온 힘을 다하여 주님 앞에서 춤을 추었다. 다윗과 온 이스라엘 집안은 함성을 올리고 나팔을 불며, 주님의 궤를 모시고 올라갔다."(2사무 6,13-15)

"솔로몬 임금과 그 앞에 모여든 이스라엘의 온 공동체가 궤 앞에서, 헤아릴 수도 없고 셀 수도 없이 많은 양과 황소를 잡아 바쳤다. 그러고 나서 사제들이 주님의 계약 궤를 제자리에, 곧 주님의 집 안쪽 성소인 지성소 안 두 커룹의 날개

아래에 들여다 놓았다."(2역대 5,6-7)라고 나와 있습니다.

이 말씀들을 보면 구약 시대의 종교 의식이 상당히 세부적으로 규정되어 있었음을 알 수 있습니다. 특히 '레위기'에 나타나는 제사는 종교 의식으로 일관되어 있음을 볼 수 있습니다.

학생들이 소정의 학업 과정을 마치는 졸업도 '졸업식'이라는 의식을 통해서 이루어지고, 이 세상을 살다가 떠나는 사람들에게 '장례식'이라는 고별 예식이 있고, 한 남자와 한 여자가 부부로서 연을 맺는 데도 성대한 '결혼식'이 있습니다. 하물며 하느님과 영원한 행복과 생명의 계약을 맺는 종교에 있어서 성대하고 엄숙한 '의식'이 따르는 것은 너무나 당연한 것이 아닐 수 없습니다.

한마디로 종교는 인간이 하느님을 믿는 것이기 때문에 그 신앙 행위는 마땅히 인간적이어야 합니다. 눈으로 볼 수 있고 귀로 들을 수 있는 방법이 있어야 합니다. 그렇기 때문에 하느님께서 인간이 볼 수 있도록 사람으로 오시지 않았습니까? 우리는 인간입니다. 천사도 아니고 하느님도 아닙니다. 그리고 동물도 아닙니다. 영육의 결합체인 인간이기에 인간적인 요소가 담긴 종교 의식이 필요한 것입니다.

부처님 앞에서 절하고 비는 종교적인 의식을 어떻게 형식주의라고만 할 수 있겠습니까?

3·1절에 우리는 기념식을 합니다. 그것은 우리 민족의 독립 정신을 고취하는 의미가 아니겠습니까? 그것을 어떻게 순전히 형식주의라고 할 수 있겠습니까?

연옥에 대해서

송 양 성전(聖傳)에 대해서 얘기할 때 '연옥'을 말씀하셨는데 그것이 무엇인지 궁금합니다.

박 신부 먼저 한 가지 묻겠습니다. 개신교에서는 죽은 사람들을 위해 기도합니까?

송 양 ???

박 신부 개신교는 너무나 많은 교파가 있고 또 교파마다 주장하는 교리가 다르기 때문에 획일적으로 말씀드릴 수는 없지만, 일반적인 개신교의 교리에는 죽은 이들을 위한 기도가 없습니다. 왜냐하면 '연옥 교리'가 없기 때문입니다.

송 양 죽은 사람을 위해 기도하는 것은 본 적이 없는 것 같아요.

박 신부 그렇습니다. 그런데 가톨릭에는 연옥 교리가 있습니다. 즉, 사람이 죽은 다음 하느님 앞에서 심판을 받을 때 죄의 그림

자조차 없는 깨끗한 영혼은 천국으로 가고, 대죄를 지어 하느님과 영영 등을 진 사람들은 지옥에 갑니다. 그런데 그 중간에 천국도 지옥도 아닌 '연옥'이라는 곳이 있습니다. 천국에 들어가기 위해 그 죄에 해당하는 보속을 치르는 곳이지요.

송 양 그 기간은 얼마나 되나요?

박 신부 그 기간은 일정하지 않습니다. 법정에서 큰 죄를 지은 이에게는 사형이 내려지고, 아무 죄도 없는 이들은 무죄 석방이 되지만 그것 말고도 죄에 따라 일정 기간을 감옥에서 지내야 하는 유기 징역이 있지 않습니까? 연옥의 벌도 마찬가지입니다.

실로 연옥이 없다면 "각자에게 그 행실대로 갚을 것이다." (마태 16,27) 하신 하느님의 공의(公義)를 받아들일 수 없습니다. 송 양, 솔직하게 대답해 보십시오. 송 양이 지금 죽는다면 하느님 앞에서 심판을 받을 것입니다. 그런데 그 결과로 천국에 갈 수 있다고 자신합니까?

송 양 ???

박 신부 그렇게도 자신이 없으면 지옥에 갈 수밖에 없다는 생각이 듭니까?

송 양 글쎄요. 그렇게 질문을 받으니 연옥이 있으면 정말 위안이 될 것 같습니다.

박 신부 순수히 어떤 위안을 위해서가 아니라 극히 상식적인 사고 방식이 아니겠습니까?

송 양 그런 것을 상식으로만 이야기할 수는 없겠지요. 성경에 그 근거가 있습니까?

박 신부 전번에도 말씀드린 대로 성경 이외에 성전의 권위를 먼저 알아야겠지요. 연옥설은 주로 성전에 근거를 두고 있습니다만 성경에도 그 뜻이 밝혀져 있습니다. 구약 성경에 보면 죽은 사람을 위해 기도한 사실이 기록되어 있습니다.

"(유다는) 각 사람에게서 모금을 하여 속죄의 제물을 바쳐 달라고 은 이천 드라크마를 예루살렘으로 보냈다. 그는 부활을 생각하며 그토록 훌륭하고 숭고한 일을 하였다. 그가 전사자들이 부활하리라고 기대하지 않았다면, 죽은 이들을 위하여 기도하는 것이 쓸모없고 어리석은 일이었을 것이다. 그러나 경건하게 잠든 이들에게는 훌륭한 상이 마련되어 있다고 내다보았으니, 참으로 거룩하고 경건한 생각이었다. 그러므로 그가 죽은 이들을 위하여 속죄를 한 것은 그들이 죄에서 벗어나게 하려는 것이었다."(2마카 12,43-45)

그런데 전번에도 말씀드린 바와 같이 당시 소위 종교 개혁자들은 연옥설을 부정하고 마카베오기를 성경이 아니라고 했습니다.

죽은 이들을 위해 기도하는 것은 유다인들의 전통에서도

돌 수 있습니다. 그것은 그들이 죽은 다음에도 하느님 자비의 손길이 필요하다는 사실을 전제로 하는 연옥의 존재를 믿었기 때문입니다.

송 양 신약 성경은 연옥에 대해서 어떻게 말하고 있습니까?

박 신부 신약 성경에는 구약 성경처럼 명확한 기록은 없지만 연옥을 암시하는 구절은 있습니다. 예컨대, "사람의 아들을 거슬러 말하는 자는 용서받을 것이다. 그러나 성령을 거슬러 말하는 자는 현세에서도 내세에서도 용서받지 못할 것이다."(마태 12,32)

여기서 내세에서도 죄 사함을 받을 수 있다는 암시가 나타납니다. 그러니까 천국에 가기 전에 죄의 벌을 받는 곳이 있다는 뜻이지요. 그리고 "너를 고소한 자와 함께 법정으로 가는 도중에 얼른 타협하여라. 그러지 않으면 고소한 자가 너를 재판관에게 넘기고 재판관은 너를 형리에게 넘겨, 네가 감옥에 갇힐 것이다. 내가 진실로 너에게 말한다. 네가 마지막 한 닢까지 갚기 전에는 결코 거기에서 나오지 못할 것이다."(마태 5,25-26)

이 말씀에서 감옥은 연옥을 의미합니다. 지옥은 거기서 나올 수 있는 감옥이 아닙니다. '나올 수 있는 감옥'은 곧 연옥을 뜻합니다. 그리고 바오로 사도는, "심판 날에 모든 것이 드러나기 때문에 저마다 한 일도 명백해질 것입니다. 그날은 불로 나타날 것입니다. 그리고 저마다 한 일이 어떤 것인지 그 불이 가려낼 것입니다. …… 그 자신은 구원을 받겠지만 불 속에서 겨우 목숨을 건지듯 할 것입니다."(1코린 3,13-15)라고 말했습니다.

공심판 때에 인간의 행업을 시험하는 것은 불입니다. 그런데 '불 속에서 살아나오는 사람들'은 곧 연옥에서 구원을 받는 사람들입니다.

송 양 그런데 연옥에도 불이 있습니까?

박 신부 연옥 단련은 불로써 이루어집니다. 연옥 영혼들은 감옥살이하는 사람들과 같아서 자기들 힘으로는 그 보속을 경감할 수 없습니다. 하지만 이 세상 사람들이 바치는 기도와 희생을 통해서 그들의 보속은 경감될 수 있습니다. 그래서 가톨릭에서는 죽은 이를 위해 '위령 미사'를 바치고 죽은 이들을 위해 기도합니다. 진정 하느님께 죽은 자의 명복을 비는 거지요.

송 양 전통상의 의미가 더 크다고 하셨는데 구체적으로 어떤 전통을 들 수 있습니까?

박 신부 유명한 성인이신 아우구스티노를 아십니까?

송 양 어거스틴 말이지요?

박 신부 예, 영어로는 어거스틴이라 하고 라틴어 발음으로는 아우구스티누스라고 합니다.

그분은 초대 교회의 대학자이며 가톨릭 주교였습니다. 그분이 쓴 《고백록》에 이런 구절이 있습니다. 돌아가신 어머님을 생각하는 구절이지요.

"내 마음의 하느님, 내 모친의 죄를 위하여 주님께 간구하옵니다. 십자가에 달리신 예수님의 상처로 구원을 받을 수 있기에 기도드립니다. 저의 어머님이 저의 아버님과 함께 편안히 쉬게 하소서."

이렇게 아우구스티노 성인도 돌아가신 부모님을 위해 기도했습니다. 송 양, 혹시 로마에 가 보신 적 있습니까?

송 양 아직 가 보지 못했습니다.

박 신부 언젠가 갈 기회가 있겠지요. 로마에 가면 초세기 박해 시대에 신자들이 모여서 기도했던 옛날 무덤인 카타콤바라는 지하 무덤이 많이 있습니다. 그 안에 들어가 보면 그 당시 2, 3세기 신자들이 죽은 이들을 위해 기도한 흔적이 많이 있습니다.

송 양 그렇게 중요한 교리인 연옥에 대해서 개신교에서는 왜 말이 없는지 모르겠네요.

소위 종교 개혁의 문제

송 양 이제 어느 정도 가톨릭에 대해 알 것 같습니다. 그런데 종교 개혁을 하지 않으면 안 되었던 그 당시의 가톨릭 교회의 부패상에 대해서는 어떻게 생각하십니까?

박 신부 소위 종교 개혁과 관련된 역사적 사실들을 여기서 일일이 다 말씀드릴 수는 없으니까 근본적인 문제들만 말씀드리겠습니다.

물론 그 당시 가톨릭 교회의 일부 성직자들이 타락한 것은 맞습니다.

송 양 그래서 우리 개신교에서는 그때 타락한 가톨릭 교회 앞에서 새로운 개혁을 하지 않으면 안 된다는 절실한 필요성을 느꼈다고 생각합니다.

박 신부 예, 잘 압니다. 그런데 분명히 밝히고 넘어가야 할 것이 있는데, 그것은 그 당시 교회 일부 성직자들의 부분적인 타락이었지, 교회가 가르치는 교리의 타락이 아니었다는 점입니다.

송 양, 그 당시 가톨릭에서 가르친 교리에 문제가 있었다고 생각합니까?

송 양 그건 잘 모르겠지만 실제로 '면죄부 사건' 또는 '종교 재판' 등 가톨릭에서 너무나 지나친 일을 저질렀지요.

박 신부 지난번 '면죄부' 사건에 대해서 얘기할 때에도 말씀드렸지만, 일부 몇몇 성직자들의 비행을 교회 전체에 연결시킬 수는 없으며 더구나 그것은 가톨릭의 정통 교리와는 전연 관계없는 일입니다.

이렇게 생각해 봅시다. 죄송한 얘기가 되겠지만 개신교에서도 가끔 목사님들의 재산 문제, 권력 투쟁 등으로 불미스러운 일이 있지 않습니까? 그렇다면 그것도 개혁을 해서 완전히 다른 새로운 교회를 만들어야 할까요?

마르틴 루터의 종교 개혁은 근본적으로 그 방향과 목표가 전혀 엉뚱한 데 있었습니다. 정확히 말해서 타락한 성직자들을 상대로 개혁을 한 것이 아니라 근본적으로 정통 교리를 자기 임의로 뜯어고쳐 놓고는 종교 분열을 조장한 것입니다. 그래서 우리는 '종교 개혁'이라 하지 않고 '종교 분열'이라고 표현합니다.

민주주의 사회에서 일부 정치인들의 타락을 이유로 민주주의 자체를 부정하고 공산주의나 기타 독재 정치를 내세운다면 그것이 진정 가장 건설적인 개혁이라고 할 수 있겠습니까?

송 양 정통 교리라니요?

박 신부 마르틴 루터는 예수님이 직접 세우신 교회의 기본 교리를 근본적으로 뒤바꿔 놓았습니다. 루터의 신학 이론은 세 가지로 요약됩니다.

첫째, 신앙의 규범은 성경뿐이고 또 성경은 자유로이 해석할 수 있다는 주장입니다. 이런 주장을 내세우면서 교회의 교도권을 완전히 무시해서 전통적인 사도들의 가르침을 내동댕이쳤습니다. 전번에 성경에 대해서 말씀드릴 때도 얘기가 있었지만 성경 자유 해석은 결국 종교 분열과 종파주의만을 조장했을 뿐입니다. 같은 성경 구절을 놓고 저 목사님은 저렇게, 이 목사님은 이렇게 자기 마음대로 해석을 붙이니 어느 것이 진정 하느님의 가르침인지를 분간하기 어렵고 결국 많은 종파가 생길 수밖에 없습니다.

성경을 자유롭게 해석하다 보니 통계에 따르면 한국만 해도 374개 이상의 개신교 교단이 있고, 세계적으로는 44,000개 이상의 개신교 교단이 난립하는 결과를 낳기에 이르렀습니다. 그 많은 종파가 다 그리스도의 진리를 대변

한다고 말할 수 있겠습니까? 서로의 주장이 다르기 때문에 다른 종파가 되었는데 그 모든 것이 다 진리라고 할 수 있겠습니까?

개신교에서 가톨릭으로 개종한 어떤 분이 하는 얘기가, 개신교의 종파 싸움에 환멸을 느꼈다면서 전 세계적으로 한 교리 안에 통일된 가톨릭에 깊은 인상을 받았다고 하더군요.

사실 개신교 안에서 종파 간의 갈등은 매우 심각합니다. 남의 집안 얘기해서 죄송합니다.

송 양 신부님, 저희 목사님이 그러시는데 성경 해석은 각자 하되 성령의 가르침에 의해서 한다고 하시던데요?

박 신부 성령을 언급하는 목사님은 그래도 낫습니다. 성령의 은혜를 받아 성경 해석을 한다는데, 그렇다면 한 분이신 성령은 그 가르침도 같아야 하지 않을까요?

그런데 같은 성령이 왜 그렇게 서로 다른 성경 해석을 합니까? 성령이 쪼개졌다는 말입니까? 성령이 수백 개가 된다는 말씀입니까?

송 양 그건 교파의 성격에 따라 다를 수 있겠지요.

박 신부 송 양이 성경을 읽을 때 성령이 직접 그 의미를 가르쳐 주던가요? 많은 사람들이 환상에 빠져 있습니다.

그리고 루터의 주장에 따라 성경만이 신앙의 유일한 규범이라고 해서 성경 외에는 모든 것을 거부합니다. 개신교에서는 그렇지요?

송 양 성경 말씀만이 중요하고 성경에 기록되지 않은 것은 모두 의미가 없다고 말합니다.

박 신부 전번에 성경에 대해 말씀드릴 때도 그런 얘기가 있었지만 가톨릭 교회에서 가장 중심이 되는 것은 성경입니다. 그러나 성경에 기록되지 않은 성전도 중요시하고 나아가서는 교회의 교도권에 의한 가르침 역시 중요하게 여깁니다. 개신교에서도 성경에 없는 것을 많이 하고 있지 않습니까?

송 양 어떤 걸 말씀하시는 거죠?

박 신부 개신교에 있는 권사니, 집사니 하는 직책, 특히 요즈음 와서는 '명예'를 붙여서 주는 직책들 그리고 수십 종에 달하는 교회 헌금, 이런 것은 성경에 없습니다.

송 양 십일조에 대한 말씀은 있잖아요.

박 신부 예, 있습니다.

"불행하여라, 너희 위선자 율법 학자들과 바리사이들아! 너희가 박하와 시라와 소회향은 십일조를 내면서, 의로움과 자비와 신의처럼 율법에서 더 중요한 것들은 무시하기 때문이다. 그러한 십일조도 무시해서는 안 되지만, 바로 이러한 것들을 실행해야만 했다."(마태 23,23)

이 말씀 중에서 십일조보다 더 중요한 것이 있습니다. 정의와 질서가 그것인데, 자선 행위를 하면서 의롭게 살아야 한다는 것입니다. 죄송한 얘기지만 개신교 신자들 얘기를 들어보면 한결같이 하는 말이 목사님 설교, 특히 부흥회 설교의 기본 내용이 주로 돈 얘기, 십일조 얘기라고 하더군요.

하지만 그 십일조 헌금이 바르게 사용되고 있는지, 정말 복음적으로 쓰이고 있는지에 대해서는 잘 모릅니다. 성경을 너무 자기 위주로 해석하고 성경에 없는 것도 적당하게 자신의 생각에 짜 맞추는 목회자도 많지 않습니까?

송 양 신부님, 그 말씀에는 일리가 있는 것 같아요. '교회와 돈', 이 문제는 약간 심각한 것 같아요.

박 신부 죄송합니다. 오해가 없기 바랍니다.

성경을 자유롭게 해석하는 것은 어처구니없는 이야기입니다. 집을 찾아가는 길은 하나이고 정확해야 하는데, 구원으로 가는 길을 제멋대로 만들어 낼 수 있습니까?

송 양 신부님 말씀을 듣고 보니 성경 자유 해석과 '성경만이 유일한 규범'이라는 주장은 문제가 있는 것 같군요.

박 신부 둘째, 루터의 교리는 '오직 믿음만으로 구원을 받을 수 있다'는 이론입니다. 인간의 어떤 선행도 무시하는 태도입니다.

"사실 사람은 율법에 따른 행위와 상관없이 믿음으로 의롭게 된다고 우리는 확신합니다."(로마 3,28)

이 말을 인용하여 인간은 믿음만 있으면 구원을 받을 수 있다고 주장하면서 야고보 서간에 나오는 "영이 없는 몸이 죽은 것이듯 실천이 없는 믿음도 죽은 것입니다."(야고 2,26)라는 말이 못마땅해서 그는 야고보 서간은 성경이 아니라고까지 했습니다.

이 얼마나 개인주의적인 신앙 태도입니까? 아마 그가 가톨릭의 신부로서 독신 생활을 하느님 앞에 엄숙히 약속하고도 그것을 쉽게 팽개칠 수 있었던 것도 이런 생각과 태도에서 비롯된 것인지 모르겠습니다.

그리고 세 번째로 그는 '인간은 원죄로 속속들이 부패되어 다시 일어설 수 없다'고 했는데, 인간이 죄를 지어 근본적으로 타락했기 때문에 어떠한 선행도 할 수 없다고 주장했습니다. 어쩌면 그는 하느님과의 독신 서약을 깨뜨린 것에 대해 거룩한 척하면서 변명하는 것인지도 모르겠습니다.

송 양 가톨릭에서는 언제나 교도권, 제도, 의식이나 전통을 주장하는데 애초에 교회에는 그런 것이 없었고, 또 그것은 진정 그리스도의 뜻이 아니었다고 생각합니다. 그리고 인간의 구원이 어떤 제도나 의식을 통해서 이루어지는 것은 아니지 않나요? 어디까지나 하느님의 말씀을 통한 신앙으로 이루어지는 것 아닐까요?

박 신부 믿음은 중요합니다. 성경에 '겨자씨만 한 믿음이 있어도 산을 옮길 수 있다'고 했습니다. '믿음'이 너를 구원했다는 말씀도 나옵니다. 특히 로마 신자들에게 보낸 서간에서는 믿음의 중요성을 강조하고 있습니다. 4장에서는 아브라함의 믿음을 높게 평가합니다. 바오로 사도가 특별히 믿음을 강조한 것은 유다인들의 지나친 율법주의를 반박하기 위한 것입니다. 그래서 로마 신자들에게 보낸 서간을 자세히 읽어 보면 믿음을 강조하지만 동시에 율법을 지켜야 한다는 것 역시 강조하고 있음을 알 수 있습니다.

"그대가 율법을 실천하면 할례는 유익합니다. 그러나 그대가 율법을 어기면, 그대가 받은 할례는 할례가 아닌 것이 되고 맙니다. 그러니 할례 받지 않은 이들이 율법의 규정들을 지키면, 할례를 받지 않았지만 할례를 받은 것으로 여겨지지 않겠습니까?"(로마 2,25-26)

송 양 그래도 믿음이 제일 중요한 것 아닐까요?

"예수 그리스도에 대한 믿음을 통하여 오는 하느님의 의로움은 믿는 모든 이를 위한 것입니다. 거기에는 아무 차별도 없습니다."(로마 3,22)라는 말처럼 말입니다.

박 신부 둘론 믿음이 중요합니다. 그러나 천주교에서는 '믿음'만으로는 구원을 얻지 못한다고 가르칩니다.

송 양 그럼 또 무엇이 필요한가요?

박 신부 성경을 바로 읽어야 합니다. 그리고 부분적인 성경 구절을 성경 전체의 뜻인 양 착각해서도 안 됩니다. 우선 믿음을 갖고 하느님의 가르침대로 계명을 지키고 사랑을 실천해야 합니다. 야고보 사도가 말했듯이 '행동'이 따르지 않는 믿음은 죽은 믿음이듯이 실천이 없는 믿음은 분명히 구원을 주지 못합니다.

"여러분이 육에 따라 살면 죽을 것입니다. 그러나 성령의 힘으로 몸의 행실을 죽이면 살 것입니다."(로마 8,13)

"여러분 안에 있는 현세적인 것들, 곧 불륜, 더러움, 욕정, 나쁜 욕망, 탐욕을 죽이십시오. 탐욕은 우상 숭배입니다. 이것들 때문에 하느님의 진노가 순종하지 않는 자들에게 내립니다."(콜로 3,5-6)

"누구든지 내 뒤를 따라오려면, 자신을 버리고 제 십자가를 지고 나를 따라야 한다."(마태 16,24)

"너희도 회개하지 않으면 모두 그처럼 멸망할 것이다."(루카 13,3)

"첫째는 이것이다. '…… 주 너의 하느님을 사랑해야 한다.' 둘째는 이것이다. '네 이웃을 너 자신처럼 사랑해야 한다.' 이보다 더 큰 계명은 없다."(마르 12,29-31)

"모든 사람과 평화롭게 지내고 거룩하게 살도록 힘쓰십시오. 거룩해지지 않고는 아무도 주님을 뵙지 못할 것입니다."(히브 12,14)

"하느님을 사랑하는 것은 바로 그분의 계명을 지키는 것입니다."(1요한 5,3)

보십시오. 사랑의 계명이 더 중요합니다. 송 양, 개신교에 십계명이 있지요?

송 양 예. 있습니다.

박 신부 솔직히 말해서 십계명을 지켜야 한다는 정신이 얼마나 있습니까? 혹시 그냥 믿음만 있으면 된다고 주장하는 것은 아닌가요? "살인하지 말라"는 5계명을 예로 들면 천주교에서는 자살이나 낙태를 대죄로 봅니다. 그런데 개신교에서 낙태나 자살에 대해서 얼마나 강조합니까?

송 양 ……?

박 신부 이왕 말이 나왔으니 하는 얘기지만……, 성경에 이혼할 수 없다고 분명히 나와 있습니다.

"'그러므로 남자는 아버지와 어머니를 떠나 아내와 결합하여 둘이 한 몸이 될 것이다.' 하고 이르셨다. 따라서 그들은 이제 둘이 아니라 한 몸이다. 그러므로 하느님께서 맺어 주신 것을 사람이 갈라놓아서는 안 된다."(마태 19,5-6)

분명히 "하느님께서 맺어 주신 것을 사람이 갈라놓아서는 안 된다."라고 하셨습니다. 하지만 개신교에서는 이혼도 그다지 문제 삼지 않습니다.

그리고 '믿음'만 있으면 되는데 '십일조'는 왜 그렇게 강조합니까?

송 양 ……?

박 신부 성경에 분명히 이혼할 수 없다고 했습니다. 그리고 '십일조'는 구원과는 별로 관계없는 것입니다.

송 양 십일조는 하느님께 바치는 거잖아요?

박 신부 훌륭한 믿음이 있어도 십일조를 내지 않으면 구원을 받지 못합니까? 그렇다면 개신교에서 말하는 '믿음만으로 구원'이라는 교리는 모순된 것 아닙니까?

송 양 솔직히 뭐가 뭔지 잘 모르겠어요.

박 신부 낙태를 해도 괜찮고, 강간을 해도, 도둑질을 해도, 살인을 해도 '믿음'만 있으면 구원이 된다고 생각합니까? 그것이 진정 성경의 가르침이라고 생각합니까?

송 양 ……?

박 신부 '믿음만으로 구원'된다면 교회에 나갈 필요도 없겠군요. 집에서 믿음을 키우면 될 테니 말입니다.

송 양 그건 아니지요. 교회에 나가서 설교 말씀을 듣고 믿음을 키워 나가야지요. 학생들이 학교 가서 선생님에게서 지식을 배우듯이 말입니다.

박 신부 옳은 말씀입니다. 구원의 기본 조건이 '믿음'만이라면 다른 방법으로도 얼마든지 '믿음'을 키울 수 있습니다. 송 양이 아시는지 모르겠는데 개신교 일파 가운데 '무교회주의'가 있습니다.

송 양 그게 뭔가요?

박 신부 가 신교에서 주장하는 대로 성경만 있고 믿음만 있으면 구원이 가능하고, 집에서 성경을 읽고 깊이 예수님만 믿으면 구원이 되니까 교회가 필요 없다는 주장입니다. 개신교의 가르침대로 '믿음'만으로 구원이 가능하다면 '무교회주의자'들의 말도 나름대로 일리가 있지요.

송 양 그렇다면 천주교 신자들이 성당에 나가는 이유는 뭔가요?

박 신부 교회는 그리스도께서 인류 구원의 목적을 위해 세우신 것입니다. 그리스도께서는 목자들에게 하느님의 은총을 전해 주는 신권을 주셔서 성사를 집행하게 하셨습니다. 그리고 신자들이 하느님의 은총을 전해 주는 귀한 하느님의 제사(미사)에 참례하고 그리스도의 몸인 성체를 모심으로써 구원의 은혜를 받게 하셨습니다. 그러니까 순수히 예배만 바치는 개신교와, 성체와 제사인 미사 그리고 일곱 성사를 집행하는 천주교는 근본적으로 교회관이 다릅니다. 그러므로 진정 구원의 중요성을 느낀다면 천주교가 가르치는 구원의 길, 그리스도께서 직접 가르쳐 주신 정통 신앙을 제대로 알아야 합니다.

많은 개신교 형제들은 자기들의 편견만을 내세우는데, 진정 구원이 무엇이고 그 구원을 전해 주는 교회의 사명이 무엇인지 다른 각도에서 생각해 봤으면 합니다.

송 양 어떤 각도에서요?

박 신부 지금 이 시간에 '인간 구원론'에 관한 신학을 다 말씀드릴 수는 없습니다. 간곡히 부탁하고 싶은 것은 2천 년의 교회 전통을 가진 가톨릭의 교리를 진심으로 한번 연구해 보시라는 것입니다.

마지막으로 가장 중요하고 기본적인 질문 하나 하겠습니다.

송 양 예.

박 신부 송 양, 아까도 말씀드렸지만 전 세계에 44,000여 개가 넘는 개신교 교단이 있는데 그 교회가 모두 참된 구원의 진리를 가지고 있다고 생각합니까?

송 양 ???

박 신부 2+2=4라는 수학적 사실은 시공간을 막론하고 변할 수 없는 진리 아닙니까? 이것이 미국에서는 6이 되고 한국에서는 4가 된다고 주장한다면 뭐라고 하시겠습니까?

더구나 구원, 즉 영원한 삶의 길인 신앙의 진리를 이렇게 저렇게 마음대로 이야기할 수 있습니까? 그리고 그 많은 교파가 다 진리라고 할 수 있습니까?

송 양 신부님, 신앙의 진리는 2+2=4라는 수학적인 진리와는 다르지 않을까요?

박 신부 맞습니다. 그래서 자기 마음대로 이야기가 가능한 것입니다. 그래서 오늘도 성경을 손에 든 수많은 사이비 종교가 일어나는 것입니다.

수만 개의 종파 중에서 분명 어느 하나만이 진실한 그리스도의 가르침일 것입니다. 송 양은 가톨릭 교회에 인간의 구원이 없다고 생각합니까?

송 양 글쎄요.

박 신부 송 양이 속해 있는 교파에 구원이 있다고 생각합니까?

송 양 그야 말할 것도 없지요. 구원이 있지요.

박 신부 만일 제가 천주교에 구원이 있다고 한다면 어떻게 하시겠습니까?

송 양 글쎄요. 그렇게 질문을 하시니 뭐라고 말씀을 드릴 수가 없네요.

박 신부 어떤 개신교 신자들은 천주교에는 구원이 없다고 말합니다. 송 양, 만일 천주교에 구원이 없다고 한다면 개신교가 나오기 전 약 1,500년 동안은 전연 인류 구원이 없었던 시다라고 할 수 있겠군요?

송 양 그게 무슨 말씀입니까?

박 신부 그때에는 이 세상에 천주교 외에 다른 개신교 종파가 없었으니 말입니다.

송 양 ???

박 신부 적어도 예수님이 이 세상에 오셔서 인류 구원 사업을 하셨다면 예수님의 구원은 일차적으로 천주교를 통해서 이루어졌을 것이 아닙니까? 그런데 천주교에 구원이 없다고 한다면 예수님은 결국 허수아비였고, 마르틴 루터에 의해 인간 구원이 시작된 것이라고 할 수밖에 없지 않습니까?

송 양 ······?

박 신부 송 양, 예수님을 통한 구원입니까? 아니면 마르틴 루터를 통한 구원입니까? 루터는 성인도 예언자도 아닙니다. 극히 평범한 인간이었고 극단적으로 표현한다면 하느님을 저버린 한 신부에 불과했습니다.

당시 가톨릭 교회에서 일어났던 많은 부정적인 사건들은 분명 그 구원의 교회를 악용한 일부 성직자들의 잘못입니다. 그러나 그렇다고 해서 구원의 진리를 가진 교회를 한 인간이 자기 임의대로 개조할 수 있는 것은 아닙니다. 더구나 그 개조된 그릇된 종파에만 구원이 있다고 주장하는 것은 더더욱 말이 안 됩니다.

송 양, 백 보 양보해서 가톨릭에도 구원이 있고, 전 세계 모든 개신교 종파에도 구원이 있다고 합시다. 하지만 믿는 신조가 다른데 어떻게 그 모든 것이 동시에 진리라고 할 수 있겠습니까? 하느님이 그렇게도 멍청한 분입니까?

좀 더 구체적으로 얘기하겠습니다. 개신교에서는 저마다 성경 해석을 성령의 가르침이라고 하는데 성령은 한 분이십니다. 성령의 가르침도 하나밖에 있을 수 없습니다. 그러면 성령이 분열되었다는 것입니까? 예컨대 가장 중요한 성경 내용 중에, 전번에 말씀드린 바 있습니다만, 성체 교리가 있습니다.

"내가 진실로 진실로 너희에게 말한다. 너희가 사람의 아들의 살을 먹지 않고 그의 피를 마시지 않으면, 너희는 생명을 얻지 못한다. 그러나 내 살을 먹고 내 피를 마시는 사람은 영원한 생명을 얻고 나도 마지막 날에 그를 다시 살릴 것이다."(요한 6,53-54)

이렇게 명확하게 영생을 얻는 말씀을 놓고 개신교에서는 성찬식을 상징적으로 받아들이고 천주교에서는 성체와 성혈을 그리스도의 참된 몸과 피로 인정하고 있습니다. 하나는 부정적이고 하나는 긍정적입니다. 이 둘 중 하나는 진리일 것이고 하나는 허위일 것입니다. 둘 다 진리일 수도 없고 둘 다 허위일 수도 없습니다.

이 귀한 영생의 진리 앞에서 우리는 겸손해야 합니다. 내 구원이 걸린 문제입니다. 송 양은 어느 쪽을 선택하겠습니까? 예수님께서 직접 제자들에게 사제권을 주시어 당신의 진실한 살과 피를 축성해서 영생의 길로 인도하는 정통적인 천주교의 가르침입니까, 아니면 타락한 신부였던 루터의 가르침입니까?

송 양 그렇다면 가톨릭에만 구원이 있고 우리 개신교에는 구원이 없단 말입니까?

박 신부 그것은 간단히 답변하기 어렵습니다. 지금 여기서 인류 구원과 관련된 신학적인 문제를 다루기는 어렵습니다. 지금은 우선적으로 많은 개신교 종파와 진실한 그리스도의 교회인 가톨릭 교회의 근본적인 차이점에 대해서 말씀드릴 수밖에 없을 것 같습니다.

송 양 신부님, 솔직히 옛날에는 그렇게까지 깊이 생각하지 못했습니다. 단순히 개신교 신자니까 이렇게 믿어 왔고 또 가끔 개신교에서 가톨릭을 비판하니까 그런가 보다 하고만 있었는데 오늘 신부님의 말씀을 들어보니…….

박 신부 좋은 말씀하셨습니다. 어떤 개신교 신자가 교회에서 목사님이 설교할 때 가끔 천주교를 비난하는 설교를 듣고는 "왜 그럴까? 무언가 천주교에 대해 열등의식을 느끼기 때문이 아닐까? 무언가 천주교에 더 좋은 점이 있어서 그런 게 아닐까?" 하면서 천주교 교리를 연구한 끝에 개종했다는 얘기가 있습니다.

사실 목사님들은 공식적으로 천주교를 비난하는 설교를 합니다. 그들 스스로가 어떤 문제점을 느끼기 때문입니다. 그러나 천주교에서는 설교 중에 다른 종파를 비난하는 일은 없습니다. 어떤 사이비 종교가 나타나도 가톨릭은 태연자

약합니다. 왜냐하면 2천 년간 너무나 많은 이단과 싸워 온 베드로의 반석 위에 세워진 교회이기 때문입니다. 가끔 보면 개신교에서 이상한 주장을 하는 사이비 종파가 일어나면 다른 교파에서 이단이라고 비판하고 결국은 서로가 이단이라고 손가락질하며 싸우더군요.

송 양, 스스로 '재림 예수'라 하고, 자기가 하느님의 사신이라 주장하는 이들이 이끄는 그 교회가 예수님의 진실한 교리를 믿는 올바른 그리스도교라고 할 수 있겠습니까?

송 양 아니지요.

박 신부 어디에 근거를 두고 아니라고 합니까?

그러면 송 양이 속해 있는 그 개신교도 진실한 그리스도의 고리를 믿는 참된 종교라고 할 수 있습니까? 그렇다면 어디에 근거를 두고 있습니까? 송 양이 주장하는 같은 근거를 두고 사이비 그리스도교 신자들이 들고 나오면 무어라고 하겠습니까?

송 양 ……?

박 신부 송 양, 제가 가톨릭의 신부니까 아전인수격으로 송 양을 우리 교회로 무작정 이끌려 한다고 생각하시면 곤란합니다. 오늘 우연히 송 양이 저를 찾아오셨기에 진심으로 진실 자체를 말한 것뿐입니다. 이런 기회에 그리스도의 참된 교회가 무엇인지에 대해, 그리고 구원의 근본 문제에 대해 생각해 보기를 바랄 뿐입니다.

송 양 그런데 신부님, 천주교에서는 하느님이라고 하는데 그건 잘못된 표현 아닙니까?

박 신부 그건 문제가 될 수 없습니다. 인간의 표현이 아무리 정확하다고 해도 '절대자'를 표현할 수는 없습니다. 용어 문제는 큰 문제가 아니라고 생각합니다.

송 양 아니지요. 말은 중요합니다. 개신교에서는 절대자 유일신을 믿기 때문에 오직 한 분의 '하나님'을 믿습니다. 천주교에서는 세상 사람들이 쓰는 대로 '하느님'이라고 하는데 그건 기독교의 신은 아니지 않습니까? 그건 미신적인 신앙입니다.

박 신부 송 양이 문제를 걸고 나왔으니 저의 의견을 말씀드립니다. 우리말에서 숫자로 인격을 지칭하는 경우는 없습니다. 예컨대 한 분이시니까 '하나님'으로 표기해야 한다고 주장할 수 없다는 말입니다. 그렇다면 하늘의 태양도 하나뿐입니다. 그렇다면 태양도 '하나님'이십니다. 우리 할아버지도 한 분뿐이십니다. 우리 할아버지도 '하나님'이십니다. 우리 집에 강아지가 두 마리 있습니다. 그것들은 '둘님'입니다. 병아리가 세 마리 있습니다. 그것들은 '셋님'입니다. 송 양, 그렇지요?

송 양 신부님도 참······.

박 신부 하나밖에 없는 '신'이기 때문에 '하나님'이라면서요. '하나님'을 한자로 표현해 봅시다. 하나둘을 한자로 일(一), 이(二)라고 하지요. 그렇다면 하나님은 한자로 '일님'이 됩니다. "일님 아버지시여……." 그렇게 해 보세요. 그리고 개신교에서도 '신(神)'자를 쓰지요?

송 양 예, 신학교 또는 신학이란 말을 씁니다.

박 신부 이 '신(神)' 자야말로 귀신 '신' 자입니다. 원천적으로 이 '신(神)' 자는 기독교의 신을 가리키는 말이 아닙니다. 그런데도 이 '신(神)' 자는 쓰면서 한국의 전통적인 말, 하늘에 계신 절대자를 표시하는 '하느님'이란 말은 왜 외면합니까? 그렇다면 신학(神學)도 '일학(一學)'이라고 해야지요.

너무 고지식한 사고방식은 대중의 공감을 잃어버릴 수 있습니다. 예컨대, 일반적으로 사용하는 '사람'이라는 말은 기독교적인 표현이 아닙니다. 그리스도교적인 개념으로는 '하느님의 모상'이라고 해야 합니다. 앞으로는 사람이란 말 대신 '하느님의 모상'이라고 써 보십시오. 사람들이 어떻게 생각하겠습니까? 그리스도인들은 함께 살기 힘든 사람들이라고 생각하지 않겠습니까?

송 양 ……?

박 신부 천주교는 '개신교의 하나님'에 대해 별로 문제 삼지 않는데 개신교 신자들이 괜히 그걸 문제 삼지요.

송 양 신부님, 감사합니다. 많이 배웠습니다. 마지막으로 가톨릭의 교회관에 대해 듣고 싶습니다.

가톨릭의 교회관

박 신부 이제 마지막으로 가톨릭의 교회관에 대해 말씀드리겠습니다. 그리스도께서 하신 인류 구원 사업은 2천 년 전 당시 사람들에게만 해당하는 것이 아니었습니다. 세상 마지막 날까지 존재할 전 인류를 위한 것이었습니다. 그런데 오늘 이 시대에 사는 우리는 그리스도의 육성을 들을 수도 없고 그리스도를 볼 수도 없습니다. 그래서 그리스도는 당신 인류 구원 사업을 대신할 대리 기관으로 열두 사도를 모으시고 그들에게 당신의 모든 권한을 주시면서 교회를 세우신 것입니다.

그래서 우리는 오늘 교회를 통해서 그리스도의 말씀을 들을 수 있고, 그분이 약속하신 하느님의 은총을 받을 수 있습니다. 예수 그리스도의 인류 구원 사명이 "나는 길이요 진리요 생명이다."라는 말씀으로 표현되었다면, 오늘 이 시대의 인간은 그리스도께서 세우신 교회를 통해 그분이 말씀하신 진리의 소리를 들을 수 있고 그분이 지시하신 구원의 길을 볼 수 있으며 그분이 십자가의 제헌으로 이룩한 새로운 하느님의 생명을 얻을 수 있습니다.

'그리스도를 통한 인간 구원'은 오늘에 와서는 '교회를 통한 인간 구원'이란 말로 표현됩니다. 그리스도가 인간 구원의 방법으로 이 지상에 오셨듯이 오늘의 교회는 그리스도의 인류 구원의 방법을 온전히 대리하는 구원의 전당입니다. 그러니까 흔히 별생각 없이 "나 요즈음 교회에 나간다."라고 말할 때 표현되는 그런 교회의 뜻이 아닙니다. 교회는 곧 천국으로 인간을 인도하는 다리 역할을 하는 그리스도의 지상 대리자입니다. 그래서 교회를 신학적인 표현으로 '그리스도의 몸' 또는 '그리스도의 신비체' 또는 '하느님의 백성'이라고도 합니다.

이제 구체적으로 교회를 어떻게 규정할 수 있느냐 하는 문제가 나오는데, 저는 교회를 이렇게 정의하고 싶습니다.

'교회는 그리스도께서 인류 구원을 위해 세우신 성사적인 인류의 집단.'

이 정의에서 교회의 요소를 네 가지로 요약할 수 있습니다.
첫째, 교회의 창설자는 예수 그리스도이시라는 것입니다.

가톨릭 교회는 어떤 인간이 세운 교회가 아닙니다. 그래서 인간이 주는 자연적인 구원이 아니고 하느님의 아드님이신 예수님의 구원을 주는 초월적인 교회입니다. 석가모니는 불교를, 노자는 도교를, 마르틴 루터는 많은 종파를 만든 인간이었지만 가톨릭 교회의 창설자는 예수 그리스도, 곧 하느님의 아드님이십니다.

둘째는, 교회의 사명입니다. 즉, '인류 구원을 위한' 교회입니다. 그 창설 목적이 어떤 상품을 만들어 돈을 모으기 위한 것도 아니고 세상의 어떤 집단과 대결하기 위한 힘을 과시하고자 하는 것도 아닙니다. 교회의 사명은 오로지 그리스도의 사명인 인류 구원에 있습니다. 교회가 인류 역사에 참여하고 어떤 제도나 조직이라는 외형을 갖고는 있지만 이 모든 것은 궁극적으로 인류 구원이라는 목적을 위한 것입니다. 그래서 그 창설 목적에서도 세상 어느 인간 집단과도 그 차원을 달리합니다.

세 번째는, 그것이 성사적이라는 것은 초자연적인 은총의 교회라는 뜻입니다. 인류의 영원한 구원은 어떤 인간적인 조건만으로는 불가능합니다. 인간의 새로운 의미, 즉 영성을 위한 구원은 어느 정도 하느님스러운 요소가 있어야 가능합니다. 교회가 가지고 있는 그 하느님의 요소, 즉 초월적인 은총의 요소가 곧 성사라는 내용으로 표현됩니다. 이

성사적인 요소가 있기에 그 목적인 인류의 구원이 가능하고, 또 다른 인간 집단과도 근본적으로 그 내용을 달리하는 집단이 되는 것입니다. 성사적인 요소가 없다면 교회는 하나의 인류 집회요, 때로는 어떤 사업의 집단일 수밖에 없습니다. 그래서 가톨릭은 예수님이 주신 일곱 성사를 가진 유일한 초월적인 교회입니다.

네 번째는, 소위 '인류의 집단'이라는 사실입니다. 이것은 인간의 집단이기 때문에 인간적인 요소를 가진 교회라는 뜻입니다. 인간적인 요소란 많은 부족과 결함 그리고 나약성을 지닌, 어떤 점에서는 뭔가 불완전한 부분을 갖고 있는 교회란 뜻입니다. 때로는 제도와 조직이 범하는 과오도 있을 수 있는 교회, 성경 말씀대로 선인과 악인이 같이 있는 교회란 뜻입니다. 그래서 신자들 중에서도, 때로는 성직자들 중에서도 많은 문제가 생길 수 있는 인간적 나약성을 안고 있는 인간의 집단이란 뜻입니다. 그러나 우리는 흔히 교회 지도자들의 추문을 보고 또는 신자들의 추문을 보고서 교회를 무자비하게 비판하는 소리를 듣습니다. 예수님이 모으신 열두 제자 중에도 유다가 끼어 있었다는 사실은 단순한 역사적인 사건이 아닌, 그리스도 교회의 인간적인 일면을 보여 주는 좋은 예라고 하지 않을 수 없습니다.

이상 네 가지 교회의 본질적인 요소를 말씀드렸습니다. 한마디로 가톨릭 교회는 예수님의 교회입니다. 그래서 예수님께서는 당신 교회를 이끌어 가시기 위해 성령을 보내시면서 그 교회가 인류에게 진리를 선포하는 데 오류가 없도록 보장하셨습니다.

"내가 아버지께 청하면, 아버지께서는 다른 보호자를 너희에게 보내시어, 영원히 너희와 함께 있도록 하실 것이다. 그분은 진리의 영이시다. …… 곧 아버지께서 내 이름으로 보내실 성령께서 너희에게 모든 것을 가르치시고 내가 너희에게 말한 모든 것을 기억하게 해 주실 것이다."(요한 14,16.26)

가톨릭 교회의 특징

박 신부 송 양, 이왕 가톨릭적인 교회론이 나왔으니 가톨릭 교회만이 가진 네 가지 특징을 말씀드리겠습니다.

첫째는, 지일성(至一性)인데 쉽게 말씀드리면 하나인 교회란 뜻입니다. 전 세계 13억 이상의 가톨릭 신자들은 어떠한 파벌 의식 없이 한 교황 밑에서 하나의 신앙을 고백한다는 것입니다. 그것은 곧 진리의 교회임을 입증하는 것이라고 할 수 있겠지요. 미국의 교회나 프랑스의 교회나 한국의 교회나 그 설교 내용이 같고 가르치는 교리와 종교 의식이 동일하고, 같은 성사, 같은 기도 안에서 하나로 일치된 교회입니다. 그래서 가톨릭 교회에는 어떤 교리나 윤리 도덕적인 관점에서 다른 입장을 가진 분파가 존재할 수 없습니다. 그것이 곧 예수님의 뜻이고 동시에 예수님의 교회이기 때문입니다.

"저는 이들만이 아니라 이들의 말을 듣고 저를 믿는 이들을 위해서도 빕니다. 그들이 모두 하나가 되게 해 주십시오. …… 저는 그들 안에 있고 아버지께서는 제 안에 계십니다. 이는 그들이 완전히 하나가 되게 하려는 것입니다."(요한 17 20-23)

예수님의 기도는 교회가 분열되지 않고 하나의 교회로, 하나의 신앙으로 뭉쳐야 함을 보여 주고 있습니다.

"나는 양들을 위하여 목숨을 내놓는다. 그러나 나에게는 이 우리 안에 들지 않은 양들도 있다. 나는 그들도 데려와야 한다. 그들도 내 목소리를 알아듣고 마침내 한 목자 아래 한 양 떼가 될 것이다."(요한 10,15-16)

예수님은 벌써 많은 종파가 떨어져 나갈 것을 예견하셨다고 볼 수 있습니다.

송 양, 진심으로, 그리고 솔직하게 이 성경 구절을 읽어 봅시다. "우리 안에 들지 않은 양들"은 누구를 두고 하는 말입니까? 그리고 예수님이 말씀하시는 그 '양 우리'는 무엇을 뜻하는 것입니까?

둘째, 가톨릭 교회의 특징은 지성성(至聖性)입니다. 교회는 그 본질상 거룩하고 엄숙해야 합니다. 가톨릭 교회에는 수많은 성인 성녀가 있습니다. 때로는 인간적인 나약성으로 불미스러운 일이 생기는 경우도 있지만 근본적으로 교회는 거룩해야 합니다. 수도자들의 거룩한 생활, 교회 의식의 엄숙함 등 교회의 본질은 하느님의 성성(聖性)을 표현하는 내용이어야 합니다.

세 번째는, 교회의 지공성(至公性)입니다. 가톨릭(Catholic)이라는 말 자체가 '공번된', '보편된' 교회라는 뜻을 담고 있습니다.

어떤 민족이나 어떤 지역이나 어느 시대에 구애됨 없이 만민이 받아들여야 하는 보편된 교회라는 뜻입니다. 이것은 곧 진리의 보편성을 의미하는 말이기도 합니다.

네 번째, 사도전래성(使徒傳來性)입니다. 전 세계적으로 그리스도를 믿는 종파가 약 44,000개 이상이나 됩니다. 그 많은 그리스도교 종파 중에서 진정 그리스도께서 세우셨고 사도들이 전해 준 교회는 가톨릭 교회뿐입니다. 이것은 역사가 증명하고 있습니다. 다른 종파들은 기껏해야 그 역사가 300, 400년밖에 되지 않지만 가톨릭은 서력기원의 주인공인 그리스도의 탄생과 연결된 2천 년의 역사를 가진 유일한 그리스도교입니다. 여기에 대해서는 더 언급이 필요 없겠지요?

송 양 신부님 말씀을 들으면서 제가 너무나 편견을 가진 그리스도인임을 느꼈습니다.

많은 걸 배웠습니다. 그러나 아직도 가톨릭에 대해서 궁금한 것이 많습니다. 어찌 되었든 오늘을 계기로 가톨릭 교리를 공부할 생각입니다. 신부님, 끝까지 저를 이끌어 주십시오.

박 신부 사실입니다. 예수님께서도 이 세상을 다 얻어도 영혼 구원을 받지 못한다면 무슨 의미가 있겠느냐고 하시지 않았습니까?

송 양 신부님, 가톨릭 교리 서적을 몇 가지 소개해 주시겠습니까?

박 신부 예, 좋습니다. 우선 미국에서 많은 개신교 신자를 개종하게 한 유명한 책인 《교부들의 신앙》이 있습니다. 장면 박사가 번역한 책인데 개신교와 가톨릭의 문제를 상세하게 서술했습니다. 그리고 가톨릭 교리서로는 제가 쓴 책입니다만 《무엇 하는 사람들인가》를 권해 드리고 싶습니다.

송 양 대단히 감사합니다.
끝으로 신부님, 개신교에서 가톨릭으로 개종하는 문제에 대해서인데요, 신부님은 어떻게 생각하십니까?

박 신부 많은 사람들이 개신교에서 가톨릭으로 개종합니다. 솔직하게 말씀드려서 많은 사람들이 가톨릭 교리를 연구하고는 진실로 가톨릭만이 참된 그리스도의 교회임을 깨닫지만, 체면 때문에 개종을 주저하고 있습니다. 그러나 아까도 말씀드렸듯이 그것이 내 구원과 관계된 일인데 무엇이 문제가 되겠습니까?

송 양, 가톨릭 교리를 공부하면서 궁금한 점이 있으면 언제든 찾아오십시오.

우리는 종교 문제를 놓고 서로 비난하고 분파 싸움을 해서는 안 됩니다. 신앙 앞에서 겸손하고 진실해야 합니다. 우리 천주교에서는 개신교 신자들을 '떨어져 나간 형제'라고 합니다. 절대로 이단시하거나 적대시하지 않습니다.

"그들이 모두 하나가 되게 해 주십시오. 아버지, 아버지께서 제 안에 계시고 제가 아버지 안에 있듯이, 그들도 우리 안에 있게 해 주십시오."(요한 17,21)

예수님이 하신 이 진실한 기도를 바칠 뿐입니다.